Cultuurminnaars en cultuurmijders

Cultuurminnaars en cultuurmijders

Trends in de belangstelling voor kunsten en
cultureel erfgoed

Het culturele draagvlak 6

Andries van den Broek
Frank Huysmans
Jos de Haan

Sociaal en Cultureel Planbureau
Den Haag, mei 2005

Het Sociaal en Cultureel Planbureau is ingesteld bij Koninklijk Besluit van 30 maart 1973.

Het Bureau heeft tot taak:
a wetenschappelijke verkenningen te verrichten met het doel te komen tot een samenhangende beschrijving van de situatie van het sociaal en cultureel welzijn hier te lande en van de op dit gebied te verwachten ontwikkelingen;
b bij te dragen tot een verantwoorde keuze van beleidsdoelen, benevens het aangeven van voor- en nadelen van de verschillende wegen om deze doeleinden te bereiken;
c informaties te verwerven met betrekking tot de uitvoering van interdepartementaal beleid op het gebied van sociaal en cultureel welzijn, teneinde de evaluatie van deze uitvoering mogelijk te maken.

Het Bureau verricht zijn taak in het bijzonder waar problemen in het geding zijn, die het beleid van meer dan één departement raken.
De minister van Volksgezondheid, Welzijn en Sport is als coördinerend minister voor het sociaal en cultureel welzijn verantwoordelijk voor het door het Bureau te voeren beleid. Omtrent de hoofdzaken van dit beleid treedt de minister in overleg met de minister van Algemene Zaken, van Justitie, van Binnenlandse Zaken en Koninkrijkrelaties, van Onderwijs, Cultuur en Wetenschap, van Financiën, van Volkshuisvesting, Ruimtelijke Ordening en Milieubeheer, van Economische Zaken, van Landbouw, Natuurbeheer en Visserij, van Sociale Zaken en Werkgelegenheid.

© Sociaal en Cultureel Planbureau, Den Haag 2005
scp-publicatie 2005/7
Zet en binnenwerk: Mantext, Moerkapelle
Omslagontwerp: Bureau Stijlzorg, Utrecht
Omslagillustratie: Maria Austria/MAI

Verspreiding in België: Maklu-Distributie
Somersstraat 13-15, B-2018 Antwerpen

ISBN 90-377-0228-7
NUR 740

Dit rapport is gedrukt op chloorvrij papier.

Sociaal en Cultureel Planbureau
Parnassusplein 5
2511 VX Den Haag
Tel. (070) 340 70 00
Fax (070) 340 70 44
Website: www.scp.nl
E-mail: info@scp.nl

Inhoud

Voorwoord		1
1	Het waarom en hoe van trendcijfers over cultuurbereik	3
2	Cultureel erfgoed	9
2.1	Het verleden dichterbij?	9
2.2	Musea	13
2.3	Monumenten	20
2.4	Archieven	28
2.5	Archeologie	30
2.6	Historische verenigingen	32
2.7	Conclusie	34
	Noot	36
3	Podiumkunsten en cinema	37
3.1	Podiumkunsten in het tijdperk van digitalisering en beleving	37
3.2	Theater	42
3.3	Klassieke muziek	49
3.4	Populaire muziek	52
3.5	Cinema	54
3.6	Conclusie	57
4	Cultuurdeelname thuis	59
4.1	Cultuur in de huiselijke sfeer	59
4.2	Lezen als cultuurdeelname	60
4.3	Cultuur via de media	65
4.4	Conclusie	70
5	Amateurkunst	72
5.1	Vele oude kunstvakken en een nieuw	72
5.2	Meer of minder amateurs?	73
5.3	Beeldende kunst	78
5.4	Muziek	81
5.5	Theater	83
5.6	Conclusie	85
	Bijlage	87

6	Samenvatting en conclusies	91
6.1	Trends in cultuurbereik	91
6.2	Sociale spreiding van het cultuurbereik	91
6.3	Trends in sociale spreiding van het cultuurbereik	96
6.4	Terugblik en vooruitblik	101

Bijlage A Gebruikte databestanden 103

Literatuur 113

Publicaties van het SCP 117

Voorwoord

De Nederlandse overheid stelt zich van oudsher terughoudend op met betrekking tot de vrijetijdsbesteding van de bevolking. Het proces van ontzuiling bracht daar geen verandering in, waardoor de vrije tijd goeddeels het domein werd van het vrije spel van maatschappelijke krachten. Ook na de ontzuiling bleef het verenigingsleven in de vrije tijd van groot belang. Daarnaast is inmiddels een aanzienlijke vrijetijdsmarkt tot ontwikkeling gekomen, wat deels ten koste van dat verenigingsleven ging.

Het culturele veld (de media uitgezonderd) neemt hierbij een bijzondere positie in. Ten tijde van de verzuiling bleef het een ontzuild niemandsland, hoewel er wel overheidsgeld mee gemoeid was. De huidige marktcondities laten een groot deel van het culturele veld eveneens ongemoeid, omdat het in belangrijke mate steunt op subsidiëring van de overheid.

Dat de overheid afstand tot de vrije tijd bewaart, wil niet zeggen dat de overheid ten aanzien van die vrije tijd helemaal geen agenda heeft. Hoewel niets moet – de burger is immers autonoom – worden bepaalde gedragsalternatieven wel aangemoedigd. De overheid ondersteunt de infrastructuur van sport, media en cultuur, en stimuleert burgers om die infrastructuur te benutten.

Bij cultuur wringt daar de schoen: aanbodbeleid en vraagbeleid zijn er geen natuurlijke twee-eenheid. De professionals die de culturele infrastructuur inhoud geven, hanteren maatstaven van kwaliteit die het publiek niet altijd deelt. Het culturele aanbod schept niet als vanzelf een eigen vraag, de kwaliteit van de insiders schept niet als vanzelf een grote kwantiteit aan outsiders die daar kennis van willen komen nemen. De opkomst van de vrijetijdsmarkt heeft deze spanning binnen het cultuurbeleid nijpender gemaakt. Op de vrijetijdsmarkt worden producten immers juist wel op de smaak van de consument afgestemd. Op die manier kan de vrijetijdsmarkt indirect tot een uitholling van de culturele belangstelling leiden. Zo bezien wordt de culturele belangstelling van de bevolking beïnvloed door het culturele aanbod enerzijds en de verlokkingen van de vrijetijdsmarkt anderzijds, reden waarom culturele instellingen hun marketing inmiddels serieuzer beginnen te nemen.

Om de ontwikkelingen in de culturele belangstelling van de bevolking te volgen, publiceert het Sociaal en Cultureel Planbureau (SCP), met steun van het ministerie van Onderwijs, Cultuur en Wetenschap (OCW), onder de noemer *Het culturele draagvlak* een reeks studies naar de publieke belangstelling van de bevolking. Veelal zijn dat wat dieper gravende studies naar delen van de culturele belangstelling, waarbij beurtelings de kunsten, het erfgoed en de media aan de orde komen. Dit keer is voor een beschrijvender, maar ook breder perspectief gekozen. Voor elk van die drie terreinen wordt geschetst welk deel van de bevolking zich de afgelopen decennia als cultuurminnaar dan wel als cultuurmijder gedroeg. Ook de cultuurconsumptie via de media en de actieve cultuurdeelname, in de vorm van amateurkunstbeoefening, komen aan de orde. Die schets krijgt toch wat diepte, omdat de ontwikkelingen in de cultuurdeelname tegen de achtergrond van ontwikkelingen in het aanbod beschreven worden.

Prof. dr. Paul Schnabel
Directeur SCP

1 Het waarom en hoe van trendcijfers over cultuurbereik

Cultuurbeleid en cultuurbereik

Bij het woord 'cultuur' denkt menigeen aan tastbare zaken als musea, monumenten, theaters, schilderijen, boeken en archiefstukken, ofwel al datgene wat als het cultuur*aanbod* te boek staat. De wettelijke taakomschrijving van de bewindspersoon met cultuur in de portefeuille luidt evenwel: 'het scheppen van voorwaarden voor het instandhouden, ontwikkelen, sociaal en geografisch spreiden of anderszins verbreiden van cultuuruitingen' (Wet op het specifiek cultuurbeleid, artikel 2). De taak van deze bewindspersoon is daarmee dus niet beperkt tot de aanbodzijde, maar bevat ook het vraagbeleid.

Het *aanbod*aspect van het cultuurbeleid ligt besloten in de taak om cultuuruitingen te helpen instandhouden (erfgoed) en ontwikkelen (kunsten). Hiertoe levert de overheid een aanzienlijke bijdrage aan de financiering van het culturele aanbod. De autonomie van de culturele sector staat daarbij voorop, uitgaande van het aan Thorbecke toegeschreven beginsel dat de staat geen oordelaar is van kunsten. Daarom wordt het artistieke kwaliteitsoordeel via de Raad voor Cultuur aan deskundigen uit het culturele veld overgelaten, en het bestuur van gesubsidieerde voorzieningen aan particulieren. In die Raad voor Cultuur zijn sinds 1995 de Raad voor Cultuurbeheer, de Raad voor de Kunst, de Mediaraad en de Raad van Advies voor Bibliotheekwezen en informatieverzorging samengebald. De prominente adviserende rol van de Raad voor Cultuur laat overigens onverlet dat de uiteindelijke beleidsbeslissingen onverminderd onder de politieke verantwoordelijkheid van de betreffende bewindspersoon vallen. De inrichting van de aanbodkant van het cultuurbeleid roept regelmatig discussie op, vooral over het kwaliteitsbegrip en over de vierjaarlijkse beoordeling van subsidieaanvragen (zie Raad voor Cultuur 2001; Berenschot 2001; Kunsten'92 2001; SCP 2002: 592-601; Smithuijsen en Van der Vlies 2004; Raad voor Cultuur 2005).

Het *vraag*aspect van het cultuurbeleid behelst het sociaal en geografisch spreiden en anderszins stimuleren van het deelhebben aan cultuuruitingen onder brede lagen van de bevolking. Daarmee is niet alleen de grootte van het publieksbereik in het geding, maar ook de opbouw daarvan, die geacht wordt gespreid te zijn, zowel sociaal (lees: ook buiten de hogere sociaal-economische klassen) als geografisch (lees: ook buiten de Randstad).

Tussen het bevorderen van het culturele aanbod en het bevorderen van publieke belangstelling daarvoor bestaat een zekere spanning. De criteria die cultuurprofessionals aanleggen zijn niet dezelfde als die het brede publiek hanteert. Hoewel artistieke autonomie niet hand in hand hoeft te gaan met brede weerklank onder de bevolking, en hoewel kunstkwaliteit niet is af te meten aan publiekskwantiteit, is het omgekeerd ook niet de bedoeling dat er subsidie wordt verstrekt aan kunst die geen belangstelling van het publiek weet te wekken. De autonomie van de gesubsidieerde kunst is in zoverre begrensd dat die kunst zich niet aan elke maatschappelijke en politieke legitimering kan onttrekken (Blokland 1997; Pots 2000).

Gedurende de cultuurnotaperiode *Cultuur als confrontatie* (2001-2004) stond de sociale spreiding van het cultuurbereik naar leeftijd en etniciteit sterker op de voorgrond dan voorheen (OcenW 2000). Daarvoor al kwamen met Cultuur en school (OCenW 1996) en het Actieplan cultuurbereik (OCenW 1999; zie www.cultuurbereik.nl) additionele beleidsinstrumenten gericht op het bevorderen van de belangstelling voor cultuur tot ontwikkeling, die op het moment van schrijven nog altijd deel van het staand beleid zijn. Het project *Cultuur en school* mikt op grotere samenwerking tussen culturele en onderwijsinstellingen en op (her)invoering van cultuur in het onderwijscurriculum, met de culturele en kunstzinnige vormingsvakken (CKV) in de bovenbouw van het secundair onderwijs en vouchers voor leerlingen voor het bezoeken van culturele instellingen als concrete uitwerking. Het *Actieplan cultuurbereik* beoogt in samenwerking met geïnteresseerde provinciale en lokale overheden een extra stimulans te geven aan het culturele leven, zowel aan infrastructuur en aanbod als aan belangstelling.

Anders dan periodiek rumoer over subsidietoewijzingen wellicht doet vermoeden, kenmerkt het cultuurbeleid zich veeleer door constanten dan door drastische koerswijzigingen. In debatten over cultuurbeleid draait het steevast om de spanning tussen visies waarin het accent kunstgericht dan wel publieksgericht is. Van enige afstand bezien kent dat beleid al geruime tijd vaste patronen, waaronder de ingebakken spanning tussen kunstgerichte en publieksgerichte accenten. De overheid ondersteunt de culturele sector in ruil voor een op hoofdlijnen stabiel duaal wensenpakket van artistieke kwaliteit en (sociale) spreiding. In deze trendrapportage gaat het niet om de kwaliteit van het aanbod en evenmin om de spanning tussen aanbod en bereik, maar is de aandacht exclusief gericht op trends in het bereik.

Het cultuurbereik in kaart
Om de mate van succes van de vraagkant van het cultuurbeleid te kunnen beoordelen, staan de (rijks)overheid diverse bronnen ter beschikking. Zo stelt het Centraal Bureau voor de Statistiek (CBS) gedetailleerde overzichten van de aantallen cultuurbezoekers samen, op basis van tellingen aan de deur door culturele instellingen. Voorheen werden die overzichten gebundeld in jaarboeken, tegenwoordig zijn ze op internet te raadplegen (zie statline.cbs.nl).

Zowel rond *Cultuur en school* (zie Ganzeboom et al. 2001 en 2002) als rond het *Actieplan cultuurbereik* (Visitatiecommissie cultuurbereik 2003) is voorzien in toegespitste monitoring. Onderzoekers van diverse instituten, waaronder het Sociaal en Cultureel Planbureau (SCP), zijn hiermee bezig bij het ter perse gaan van de voorliggende tekst.

Verder is het SCP al een reeks van jaren leverancier van cijfers over de publieke belangstelling voor de vruchten van het cultuurbeleid. Met steun van het ministerie van Onderwijs, Cultuur en Wetenschap (OCW) publiceert het SCP daarover een reeks studies getiteld Het culturele draagvlak. Alternerend werd en wordt daarin verslag gedaan van nadere analyses van het cultuurbereik op het vlak van de drie pijlers van het cultuurbeleid van het ministerie: de kunsten, het cultureel erfgoed en de media. In 2004 verscheen in die reeks *Achter de schermen* (Huysmans et al. 2004), over ontwikkelingen in het mediagebruik, momenteel is een studie over de belangstelling voor het erfgoed in voorbereiding. Eerder verschenen in deze reeks de boeken *Podia in een tijdperk van afstandsbediening* (Knulst 1995), *Leesgewoonten* (Knulst en Kraaykamp 1996), *Het gedeelde erfgoed* (De Haan 1997) en *Het bereik van de kunsten* (De Haan en Knulst 2000). Waar die studies elk wat dieper ingingen op een van die drie beleidsterreinen, biedt deze rapportage een beschrijvend overzicht van het gehele spectrum van de culturele belangstelling.

Onderwerpen in deze trendrapportage
Het voorliggende rapport biedt een actualisering van trendgegevens over het cultuurbereik waarover het Sociaal en Cultureel Planbureau beschikt. Omdat recent nog uitgebreid over het mediagebruik is gerapporteerd (Huysmans et al. 2004), en omdat daarover intussen geen nieuwe gegevens beschikbaar gekomen zijn, ligt het accent hier op de belangstelling voor erfgoed en kunsten. Daarbij gaat het zowel om de receptieve deelname (bezoeken van musea en podia, kennisnemen van erfgoed en kunsten via de media) als om de actieve beoefening van kunstdisciplines in de vrije tijd.

Eerst komt de belangstelling voor het cultureel erfgoed aan de orde. Ingegaan wordt op het bezoek aan musea, monumenten, archeologische vondsten en archieven alsmede op belangstelling daarvoor in de vorm van betrokkenheid bij organisaties op die terreinen. Vervolgens wordt informatie gepresenteerd over de belangstelling voor podiumkunsten en cinema (blockbusters én artistieke films). Behalve door een bezoek aan een tentoonstelling of uitvoering, kan men ook met kunsten en erfgoed in aanraking komen via de media. Deze vorm van bereik vormt het onderwerp van een afzonderlijk hoofdstuk. Ten slotte komt de actieve cultuurdeelname aan de orde. Daarmee wordt gedoeld op het zelf beoefenen van kunstdisciplines in de vrije tijd in plaats van het kennisnemen van cultuuruitingen die door anderen zijn voortgebracht. Hoewel iemand die zich in een kunststroming, muziekgenre of artiest verdiept daar erg actief mee bezig kan zijn, is de term 'actieve cultuurdeelname' hier gereserveerd voor het uit liefhebberij beoefenen van een kunstdiscipline (schilderen, tekenen, musiceren, acteren, enz.), hier aangeduid als amateurkunstbeoefening – zonder met die term het belang of de kwaliteit ervan te willen onderschatten.

Bij de beschrijving van de diverse vormen van belangstelling van de bevolking voor erfgoed en kunsten zal telkens onderscheid gemaakt worden naar kenmerken die in het verleden duidelijke deelnameverschillen te zien gaven: *sekse, leeftijd, opleidingsniveau* en *etniciteit*. Vooral de soms aanzienlijke verschillen naar leeftijd (of generatie), opleiding en etniciteit staan sinds de vorige cultuurnota in de belangstelling. Mannen en vrouwen respectievelijk mensen in verschillende stadia van hun leven voegen daar nog interessante verschillen aan toe. Bij etniciteit worden telkens gegevens voor drie groepen gepresenteerd: autochtone Nederlanders, mensen van Turkse of Marokkaanse komaf en mensen met een Surinaamse of Antilliaanse achtergrond. De westerse allochtonen en degenen met wortels in Nederlands-Indië of de Molukken, die zich in hun cultuurdeelname niet sterk van autochtone Nederlanders onderscheiden, worden buiten beschouwing gelaten, om de aandacht te richten op verschillen tussen autochtonen en de etnische groepen die het sterkst in de beleidsbelangstelling staan.

Bij de interpretatie van verschillen naar etniciteit moet bedacht worden dat degenen die het Nederlands minder goed beheersen in de databestanden ondervertegenwoordigd zijn. De enquêtes waarover wordt gerapporteerd, zijn in alle jaren in het Nederlands afgenomen. Met name eerstegeneratie Turkse en Marokkaanse Nederlanders komen in de steekproeven te weinig voor. Omdat aangenomen mag worden dat de cultuurdeelname van deze groepen lager ligt dan bij hun kinderen en kleinkinderen, zullen de cijfers voor Turken en Marokkanen vermoedelijk een overschatting weergeven van de feitelijke cultuurdeelname van deze groepen.

Gegevensbronnen
In deze trendrapportage wordt uit diverse bronnen geput (zie ook de bijlage over de gebruikte databestanden). De belangrijkste bron is hier het zogeheten *Aanvullend voorzieningengebruik onderzoek* (AVO). Dit is een sinds 1979 vierjaarlijks herhaalde SCP-enquête onder de Nederlandse bevolking van 6 jaar en ouder, naar het gebruik van een breed scala van publieke diensten, waaronder telkens een aanzienlijke module over cultuurdeelname. De breedte van het onderzoek heeft als voordeel dat de kans klein is dat de enquête bij uitstek door cultuurliefhebbers wordt beantwoord. Het veldwerk vindt steeds in het najaar plaats, zodat vergelijkingen tussen de jaren niet worden vertekend door seizoensinvloeden. Met betrekking tot cultuurparticipatie is in de enquête consequent gevraagd naar activiteiten in de twaalf maanden voorafgaand aan het tijdstip van ondervraging.

Een deel van de vragen over cultuurdeelname is niet in elke AVO-jaargang aan (alle) respondenten voorgelegd. Zo werden vragen over het erfgoed in 1979 niet aan jongeren gesteld, reden waarom in hoofdstuk 2 slechts trends over de periode 1983-2003 worden gerapporteerd. Enkele meer specifieke vragen, bijvoorbeeld die naar typen musea en monumenten die men bezocht, zijn maar enkele keren in de enquête opgenomen, zodat uitspraken daarover betrekking hebben op slechts enkele meetjaren (1979, 1995 en 2003).

Een deel van de informatie is uit additioneel onderzoek afkomstig. Het AVO-onderzoek voorziet niet in gegevens over het bezoek aan archeologische opgravingen en aan exposities van archeologische collecties. Met steun van OCW is daarom onder circa 5800 respondenten extra onderzoek naar belangstelling voor archeologie uitgevoerd. Deze studie uit het voorjaar van 2004 is een replicatie van een eerder onderzoek uit 1996, waarover door het SCP is gerapporteerd in *Het gedeelde erfgoed* (De Haan 1997). Zodoende is het mogelijk om voor de periode 1996-2004 trends te schetsen in de belangstelling voor archeologie (zie § 2.5).

In aansluiting hierop is een deel van de respondenten later opnieuw benaderd, ditmaal met een aantal vragen over de beleving van het erfgoed in de bebouwde en landschappelijke omgeving en het belang dat het heeft – of in hun ogen zou behoren te hebben – bij het maken van ruimtelijke keuzes (bv. bij de keuze waar men woont of zou willen wonen). Dit gebeurde in samenwerking met het projectbureau Belvedere in Utrecht, dat de aandacht bevordert voor het ontwikkelingsgericht inzetten van cultuurhistorische kwaliteiten bij ruimtelijke ordeningsvraagstukken (zie www.belvedere.nu). De onderzoeksvraag was hoeveel waarde mensen toekennen aan de in hun leefomgeving aanwezige cultuurhistorische elementen en hoe belangrijk zij het vinden dat deze op de een of andere wijze bewaard blijven en/of opnieuw benut worden. Ruim 1800 respondenten hebben de enquêtevragen beantwoord. Met deze informatie is het mogelijk een inschatting te maken van het belang van het cultureel erfgoed voor Nederlanders (zie § 2.3).

Opbouw van het rapport
In deze trendrapportage wordt eerst aandacht besteed aan receptieve deelname aan cultuur: het bezoeken van culturele instellingen en het gebruikmaken van culturele media-inhouden. Daarna komt de actieve deelname aan bod, het zelf creatief bezig zijn op het gebied van beeldende kunst, muziek en podiumkunst.

Centraal in elk hoofdstuk staat de gebruikszijde van het culturele veld: de mate waarin van voorzieningen gebruik wordt gemaakt. Aangezien gebruikscijfers uiteraard niet losstaan van trends in het aanbod, wordt waar mogelijk een actuele beschrijving van het aanbod gegeven. Bij de daaropvolgende beschrijving van het gebruik wordt waar mogelijk steeds dezelfde systematiek gehanteerd:
– eerst worden de hoofdtrends voor de bevolking als geheel geschetst: het percentage deelnemers, het aantal bezoeken per 100 inwoners, de percentages frequente versus incidentele bezoekers, en het aantal bezoeken per deelnemer;
– dan worden de trends in de deelnamepercentages van deelgroepen beschreven naar sekse, leeftijd, opleidingsniveau, levensfase en etniciteit.

Hoofdstuk 2 is gewijd aan de receptieve deelname aan het culturele erfgoed. Achtereenvolgens komen musea, monumenten, archieven en archeologie aan bod. Aandacht wordt ook besteed aan het lidmaatschap van historische verenigingen als een uiting van betrokkenheid bij behoud en beschrijving van het culturele erfgoed.

De belangstelling voor de kunsten staat centraal in hoofdstuk 3. Het bezoeken van podiumkunsten (toneel, ballet, cabaret), van klassieke muziek (concerten en opera), van populaire muziek (pop- en jazzconcerten, musicals en danceparty's) en van cinema (bioscopen en filmhuizen) passeert de revue. Het toneelbezoek krijgt een nadere verbijzondering met de belangstelling voor professionele theatergezelschappen.

De belangstelling voor cultuur wordt niet alleen gevoed door een directe confrontatie met het gebodene. Ook via de media kan men cultuur beleven, hetzij direct, bijvoorbeeld via de uitzending van een klassiek concert, hetzij indirect, doordat in de media aandacht aan het culturele aanbod wordt besteed. Hoofdstuk 4 is aan de gemedieerde cultuurdeelname gewijd. Een bijzondere plaats neemt de literatuur in, een kunstgenre waarin cultuuruiting en medium samenvallen. In bredere zin wordt alle lezen – dus ook het lezen van niet-literaire boeken, kranten en tijdschriften – in het cultuurbeleid als 'cultuurdeelname' aangemerkt. Lezen en literatuur staan in de eerste twee paragrafen van hoofdstuk 4 centraal. Daarna wordt de belangstelling voor cultureel erfgoed en de kunsten via de media belicht.

In hoofdstuk 5 komt dan de actieve deelname aan bod: het bezig zijn met culturele uitingsvormen als liefhebberij, volgens de gangbare terminologie aangeduid als 'amateurkunst'. Beschreven wordt welk deel van de bevolking zich in de vrije tijd met 'cultuur' bezighoudt, te weten met beeldende kunst (beeldhouwen, schilderen, fotograferen enz.), muziek (instrument bespelen en zingen) en podiumkunsten (toneel, ballet enz.).

In het afsluitende zesde hoofdstuk worden de ontwikkelingen uit de eerdere hoofdstukken nog eens systematisch naast elkaar gezet, zodat de dwarsverbanden in de belangstelling voor verschillende vormen van cultuur duidelijk worden. Ook worden daar de verschillen tussen mannen en vrouwen, jongeren en ouderen, autochtonen en allochtonen op het laatste meetmoment geschilderd. Met een korte slotbeschouwing over eerdere bevindingen en bespiegelingen wordt dit overzicht van trends in het cultuurbereik in Nederland afgerond.

2 Cultureel erfgoed

2.1 Het verleden dichterbij?

Het vervliegen van de tijd en het vervagen van herinneringen zijn thema's waarover in de loop der tijden veel is gedicht en gedacht. Elk jaar liggen historische gebeurtenissen als de moord op Willem van Oranje of de capitulatie van het Duitse leger onmiskenbaar weer een jaar verder achter ons. Toch lijkt het verleden in de afgelopen decennia juist wat dichterbij te zijn gekomen. Boeken als *Hoe God verdween uit Jorwerd* en *De eeuw van mijn vader* van Geert Mak vonden gretig aftrek. Behalve via boeken werd het verleden ook langs andere wegen meer onder de aandacht gebracht: in musea, door monumentenzorg, in archieven en via archeologische vondsten. Eind 2004 vroegen historici van naam aandacht voor een door hen ontwikkelde canon van de vaderlandse geschiedenis (Bank en De Rooy 2004). De inhoud van deze canon, met een indeling van het Nederlandse verleden in tien fasen, zou maatgevend dienen te worden voor het onderwijs. In hoeverre dit duidt op een groeiende belangstelling voor het verleden en voor de daarvan overgebleven materiële dragers, is het onderwerp van dit hoofdstuk.

Musea
In ons land groeide het aantal musea, plekken waar toch overwegend wordt teruggekeken, sinds de Tweede Wereldoorlog sterk. Hoewel definitiekwesties en definitieveranderingen het geven van exacte groeicijfers in de weg staan, is de constatering dat het aantal musea groeide onomstreden. In het eerste decennium na de oorlog nam het aantal musea toe van zo'n 150 tot ruim 300. De twintig jaar daarna (1955-1975) was de groei eerst minimaal, om daarna sterk aan te trekken. In 1980 telde het Centraal Bureau voor de Statistiek er al 485 en in 1995 waren het er 758. Een veranderde definitie van het begrip 'museum' zorgde voor een deels kunstmatige toename tot 942 in 1997. Dat aantal is in de jaren daarna licht gedaald naar 873 in 2001 (zie De Haan 1997; CBS 1999; statline.cbs.nl, geraadpleegd februari 2005).

Het jaarlijks aantal tentoonstellingen bleef in de periode 1991-1995 constant op ruim 2100, waarvan zo'n 90% in eigen huis. De herziene museumdefinitie zorgde voor een sprong naar 2300 in 1997, waarna het aantal nog groeide naar rond de 2550 in 1999 en 2001. Sinds 1997 is er een groei bemerkbaar in het aantal door musea buitenshuis (maar wel in Nederland) georganiseerde tentoonstellingen, van 7% op het totaal in 1997 naar het dubbele van dat getal in 2001 (statline.cbs.nl, geraadpleegd februari 2005; SCP-bewerking).

Musea zagen in recente jaren kans hun accommodaties ingrijpend te verbeteren, getuige onder meer de nieuwe vleugels van het Van Gogh Museum en Boijmans van Beuningen, het nieuwe gebouw in het Openluchtmuseum, alsmede de nieuwe behuizingen van Naturalis, Bonnefantenmuseum, Groninger museum, museum

Het Valkhof en het Van Abbe museum. Op het moment van schrijven worden in Amsterdam zowel het Stedelijk als het Rijksmuseum ingrijpend vernieuwd. Deze (ver)bouwactiviteiten hebben uit de onverdachte hoek van museumdirecteuren zelf tot de vraag geleid of daarmee langzamerhand geen overcapaciteit wordt gegenereerd. Sjarel Ex (destijds Centraal Museum Utrecht, nu Boijmans van Beuningen) berekende dat een doorsnee museum voor moderne en hedendaagse kunst per uur ongeveer 6 bezoekers ontvangt (Ex 2001). Jan Vaessen (Openluchtmuseum) weet de museale investeringsdrang aan marktverwachtingen die, bij elkaar opgeteld, een volstrekt illusoir toekomstbeeld opleveren. Net als bij kerkgebouwen zou op termijn bij museumgebouwen de vraag gesteld worden wat de meest geschikte herbestemming is (Vaessen 2000). In de volgende paragraaf wordt bezien of deze vraag al actueel is, door aan de orde te stellen in hoeverre de gedane investeringen de belangstelling voor musea hebben doen aanwakkeren.

Monumenten
'Door mensen vervaardigde onroerende zaken, die ouder zijn dan vijftig jaar en die van algemeen belang zijn vanwege hun schoonheid, wetenschappelijke of cultuurhistorische waarde', zo luidt de omschrijving van monumenten in de Monumentenwet 1988. Lange tijd werd echter een leeftijdsgrens van 150 jaar gehanteerd en had men met jongere bouwwerken weinig mededogen. Vooral in de jaren zeventig werden veel objecten gesloopt van het type dat thans als 'industrieel erfgoed' bekend staat, met de vallende fabrieksschoorsteen als symbool.

In de voorbije jaren groeide het aantal rijksmonumenten: in 1990 telde ons land er 44.000, eind 2003 waren het er 51.000. Vooral rond de millenniumwisseling steeg het aantal rijksmonumenten snel (statline.cbs.nl, geraadpleegd december 2004). Deze groei is geen echte trend, maar vloeide voort uit een inhaaloperatie met betrekking tot gebouwen uit de periode 1850-1940. Na een inventarisatie van 175.000 potentieel beschermenswaardige gebouwen uit die periode, verkregen 9000 de wettelijk beschermde status (OCW 2002). Onder de van rijkswege beschermde monumenten bevinden zich veel huizen (met 32.000 veruit de grootste categorie). Verder omvat het bestand onder meer 300 kastelen, 1100 molens, 3700 kerken en 6000 boerderijen (OCenW 2002a). In sommige kastelen, herenhuizen of andere monumentale panden is tevens de cultuurhistorisch waardevolle inboedel te bezichtigen. Het industrieel erfgoed omvat naast fabrieksgebouwen: pakhuizen, sluizen, bruggen, gemalen, stations, watertorens en vuurtorens, alsmede roerende goederen als machines, voertuigen en vaartuigen.

Daarnaast beschermen ook gemeenten en provincies monumenten. Bij de gemeenten gaat het om zo'n 37.000 beschermde gebouwen, verdedigingswerken, molens, weg- en waterwerken, kastelen, enzovoort. Provinciale monumenten zijn er alleen in Drenthe, Noord- en Zuid-Holland en Limburg, in totaal ruim 2500. Bij elkaar zijn er in Nederland, afhankelijk van de tellingssystematiek, tussen de 90.000 en 95.000 monumenten (NCM 2004).

Niet afzonderlijke gebouwen kunnen waardevol zijn; ook verzamelingen gebouwen hebben soms de toegevoegde waarde van een historisch waardevol ensemble, dat bescherming verdient (ook als die panden niet stuk voor stuk van grote monumentale betekenis zijn). Nederland kent momenteel 336 beschermde stads- of dorpsgezichten (NCM 2004).

Archieven

Archieven bestaan sinds men, niet het minst de overheden, het verloop van gebeurtenissen wilde vastleggen. Ze vormen een belangrijke bron voor historisch onderzoek door professionals én liefhebbers. De overheidsbemoeienis met archieven is gericht op behoud en openbaarheid. Door centralisatietendensen binnen de archieven van rijk, gemeenten en waterschappen verminderde het aantal overheidsarchieven van 842 in 1980, via 536 in 1990, tot 329 in 2000. Streekarchieven hadden in laatstgenoemd jaar in een dertigtal regio's de archiveertaken van gemeenten en waterschappen overgenomen. Tegenover de vermindering van het aantal archieven staat een forse groei van het aantal strekkende meters archiefkast in die jaren: van 381, via 471, tot 645 kilometer bezette planklengte. Bij een wetswijziging in 1996 werd de termijn waarbinnen stukken aan de Rijksarchiefdienst moeten worden overgedragen teruggebracht van 50 tot 20 jaar, hetgeen tot een forse inhaalslag noopte. Tegelijk groeide de aandacht voor de toegankelijkheid van archieven, mede doordat er langs digitale weg nieuwe mogelijkheden tot ontsluiting kwamen (OCenW 2002a).

Buiten de overheidsarchieven is een grote diversiteit aan archieven voortgekomen uit particulier initiatief. Er zijn de audiovisuele archieven, bedrijfsarchieven, kerkelijke archieven en diverse categorale archieven, die themagestuurd verzamelen (van het katholicisme via de vrouwenemancipatie en de militaire wereld tot de tropen). Er worden verschillende categoriseringen van archieven gehanteerd, bijvoorbeeld naar de aard van het bewaarde, de thematische specialisatie daarbinnen, het instituut dat bewaart, de regelgeving op grond waarvan wordt bewaard en de mate van openbaarheid van de archivalia (Van Dijken en Stroeker 2002).

Archeologie

Belangstelling voor archeologie is een vierde vorm van belangstelling voor het culturele erfgoed. Archeologie – de leer van het oude – is gericht op 'de reconstructie van (aspecten van) menselijke samenlevingen op grond van materiële resten die hun oorspronkelijke functie reeds lang geleden hebben verloren en vaak door de bodem aan het oog onttrokken zijn' (AIC 1995: 8). In deze rapportage gaat het evenwel niet om de stand van zaken in de archeologie als wetenschap, maar om de publieke belangstelling voor archeologische vondsten als opgegraven voorwerpen, restanten van vroegere huisvesting en geborgen scheepswrakken. Die belangstelling is deels al gedekt met de belangstelling voor musea en monumenten.

De meeste archeologische presentaties bevinden zich in musea. In Nederland zijn zeven musea geheel gewijd aan een archeologische collectie, waarvan het Rijksmuseum van Oudheden in Leiden en het Allard Pierson Museum in Amsterdam de bekendste zijn. Daarnaast zijn in menig (kunst)historisch museum en streekmuseum afdelingen voor archeologische vondsten ingericht. Alleen in de zeven musea met een geheel archeologische collectie is het bezichtigen van archeologische vondsten te onderscheiden van andersoortig museumbezoek. Deze musea duiden we aan als 'archeologiemusea'.

Daarnaast kunnen archeologisch geïnteresseerden terecht bij archeologische monumenten (om de verwarring te vergroten worden archeologische bodemschatten wel aangeduid als het archeologisch archief of bodemarchief) en bij archeologische reconstructies (bv. in het Prehistorisch Openluchtmuseum Eindhoven en het themapark Archeon).

De Monumentenwet voorziet in de mogelijkheid om archeologisch waardevolle locaties tot beschermd monument te verklaren. Van deze mogelijkheid is in het afgelopen decennium regelmatig gebruikgemaakt. Het aantal beschermde archeologische monumenten nam toe van circa 1400 in het midden van de jaren negentig tot 1754 aan het begin van 2002 (CBS 1995; ROB 2002). Dat wil overigens niet zeggen dat er veel te zien is en dat deze locaties onmiddellijk toeristische trekpleisters worden. Veel van het bodemarchief is aan het oog onttrokken of alleen voor de geoefende kijker waarneembaar. In het kader van het Verdrag van Malta is er wel veel in beweging. Zo wordt bij grote bouwprojecten steeds bekeken of voorafgaand archeologisch onderzoek nodig is. In de jaren negentig zijn meer dan 5900 opgravingen uitgevoerd (ROB 2002). Soms worden deze locaties ook enige tijd voor het publiek opengesteld. Voorwerpen in musea, archeologische monumenten en opengestelde opgravingen zijn de belangrijkste manieren om een breder publiek kennis te laten maken met het werk van archeologen.

Belangstelling voor het cultureel erfgoed
Tezamen worden musea, monumenten, archieven en archeologische locaties aangeduid als 'het culturele erfgoed'. Het voorgaande overziend, is duidelijk dat het erfgoed in omvang is toegenomen (meer musea, meer monumenten, meer meters archief, meer archeologische opgravingen) en dat ook de aandacht voor het behoud en de presentatie van dit erfgoed in de voorbije decennia is gegroeid.

Daar komt nog bij dat nieuwe informatie- en communicatietechnologieën een betere ontsluiting van het erfgoed mogelijk maken. Via internet heeft men toegang tot meer digitaal erfgoed dan een doorsnee boekenkast kan bevatten, terwijl langs digitale weg ook informatie kan worden opgevraagd.over collectie, toegangsprijs, openingstijden en bereikbaarheid van erfgoedinstellingen

In dit hoofdstuk gaat het om de vraag hoe de publieke belangstelling voor het grotere en beter ontsloten culturele erfgoed zich heeft ontwikkeld. Groeide die belangstelling in gelijke mate als het aanbod, bleef het aanbod achter bij de ontwikkeling in de belangstelling, of is er, omgekeerd, veeleer sprake van dat de belangstelling (nog) niet dezelfde hoge vlucht heeft doorgemaakt als het aanbod? Achtereenvolgens passeren de belangstelling voor musea (§ 2.2), monumenten (§ 2.3), archieven (§ 2.4) en archeologie (§ 2.5) de revue. Telkens worden de trends in de omvang en in de samenstelling van het publiek behandeld. Daarna komt de ontwikkeling in het lidmaatschap van historische organisaties aan de orde (§ 2.6). Tot slot wordt samenvattend vastgesteld in hoeverre diverse trends in de belangstelling voor het erfgoed overeenkomen met elkaar en met die in het aanbod (§ 2.7).

2.2 Musea

Niet alleen werden in de jaren negentig voortdurend investeringen gedaan in musea, ook de aandacht voor de exploitatie van musea groeide weer. Met name staatssecretaris Rick van der Ploeg verwachtte van musea dat ze zich meer als culturele ondernemers zouden gaan gedragen. Dit zette musea aan tot meer aandacht voor eigen inkomsten en voor publiekswerving. Musea slaagden er inderdaad in om meer over te houden aan entreegelden, sponsorgelden, restaurants en museumwinkels. Hun inkomsten exclusief overheidssubsidies in 2001 bedroegen drie keer die in 1990. De overheidssubsidies verdubbelden in die jaren eveneens. Het aandeel van de eigen inkomsten in de totale inkomsten groeide daardoor van 24% naar 36% (SCP 2000; statline.cbs.nl, geraadpleegd februari 2005; SCP-bewerking).

De accentverschuiving richting marktgericht denken was van overheidswege geen doel op zich, maar was bedoeld als prikkel om musea ertoe aan te zetten zich meer op de wensen van de bevolking te richten. Een beschrijving van de mate waarin musea dat deden, gaat de reikwijdte van dit rapport te boven. Dat zou een analyse vergen van de plannen en realisaties van musea op het vlak van hun publieksbenadering. Hier is de aandacht gericht op het feitelijk gerealiseerde publieksbereik.

Een eerste indicatie van dat bereik wordt verkregen door tellingen aan de deur; dat geeft een beeld van het totaalaantal bezoeken dat aan de Nederlandse musea wordt afgelegd. Zo bezien lag het bereik in 2001 met krap 21 miljoen bezoeken op een wat lager niveau dan de 22 miljoen bezoeken in 1990, maar deze vergelijking is niet helemaal zuiver vanwege de reeds genoemde verandering tussen 1995 en 1997 in de definitie van een 'museum'. Tussen 1997 en 2001 groeide het aantal bezoeken met een half miljoen van 20,2 tot 20,7 miljoen. De grootste groei vond tussen 1997 en 1999 plaats; daarna gaf het aantal bezoeken met 100.000 slechts nog een lichte groei te zien (SCP 2002; statline.cbs.nl, geraadpleegd februari 2005).

In de context van de bereiksdoelstelling van het cultuurbeleid schieten dergelijke bezoekcijfers echter in tweeërlei opzicht tekort. De cijfers hebben namelijk niet alleen betrekking op de museumbezoeken van Nederlandse ingezetenen. Ook de bezoeken van buitenlandse toeristen zijn erin verdisconteerd. De aantrekkingskracht van Nederlandse musea op de internationale toeristenmarkt vormt geen deel van de bereiksdoelstelling, die erop gericht is een zo groot mogelijk deel van de Nederlandse bevolking te bereiken, het liefst gelijkelijk over de diverse bevolkingslagen gespreid. Uitspraken over verschillen tussen groepen binnen de bevolking vergen een ander type cijfers dan tellingen van het aantal bezoeken, omdat ook informatie nodig is over kenmerken van de bezoekers, zoals leeftijd, opleidingsniveau en etniciteit.

Teneinde bezoekers met niet-bezoekers te kunnen vergelijken, moet er bovendien ook informatie over niet-bezoekers zijn. Dat type informatie is niet beschikbaar in het publieksonderzoek dat binnen afzonderlijke musea wordt uitgevoerd, maar wel in het bevolkingsonderzoek dat het SCP sinds het eind van de jaren zeventig uitvoert. Over museumbezoek is een reeks vierjaarlijkse peilingen over de periode 1983-2003 beschikbaar (tabel 2.1).

Het percentage van de bevolking (van 6 jaar en ouder) dat rapporteerde in de twaalf maanden vóór de enquête een Nederlands museum bezocht te hebben, wisselde in de loop der jaren. In de jaren tachtig mochten de musea zich in een groeiend bereik verheugen. Met een jaarbereik van 41% van de bevolking was 1991 een topjaar voor de musea. In 1995 was het percentage museumbezoekers echter terug op het niveau van 1983: 35%. Daarna trad weer een herstel op: in 2003 ontvingen de musea 38% van de bevolking.[1]

Een deel van de bevolking bezoekt meerdere keren per jaar een museum. In de loop der jaren ging steeds zo'n 6% van de bevolking minstens een keer per kwartaal naar een museum. Dankzij deze bescheiden, maar in omvang stabiele schare van museumliefhebbers, lag het gemiddelde aantal bezoeken van museumbezoekers steeds op iets meer dan twee bezoeken per jaar. Per 100 inwoners werden in het topjaar 1991 86 museumbezoeken afgelegd. Na een terugval in de jaren negentig zat het aantal bezoeken per 100 inwoners in 2003 met 82 weer in de lift.

Tabel 2.1 Museumbezoek: bezoekpercentage, aantal bezoeken per 100 inwoners, aandeel frequente en incidentele bezoekers en aantal bezoeken per bezoeker, bevolking van 6 jaar en ouder, 1979-2003 (percentages bezoekers en aantallen bezoeken, 12 maanden voorafgaand aan enquête)

	1983	1987	1991	1995	1999	2003
bezoek (%)	35	39	41	35	37	38
aantal bezoeken per 100 inwoners	72	84	86	76	77	82
frequente bezoekers[a] (%)	5	6	6	6	6	6
incidentele bezoekers[b] (%)	30	33	35	29	31	32
aantal bezoeken per bezoeker	2,0	2,2	2,1	2,2	2,1	2,2

a Eén keer per kwartaal of vaker.
b Minder dan een keer per kwartaal.

Bron: SCP (AVO'83-'03)

De trends in publieksonderzoek en in bevolkingsonderzoek zijn gelijkluidend: beide wijzen op een wat lager bereik in recente jaren dan tien jaar daarvoor. Vermenigvuldiging van de gerapporteerde bezoekfrequentie met het totale Nederlandse inwonertal leidt tot een schatting van circa 11,2 miljoen bezoeken van Nederlandse ingezetenen aan Nederlandse musea in 1999 (voor 2003 is nog geen vergelijking met publiekstellingen mogelijk). Het verschil met de telling van bezoeken door de musea (20,6 miljoen voor 1999) kan voor een deel worden toegeschreven aan de bezoeken die buitenlandse toeristen aan Nederlandse musea afleggen. Het aantal buitenlandse bezoeken aan Nederlandse musea, zoals geregistreerd door het personeel achter de kassa, bedroeg in 1999 circa 4 miljoen (in 2001 ruim 4,5 miljoen). Het verschil met de extrapolatie op basis van het SCP-bevolkingsonderzoek duidt op een conservatieve schatting van het museumbezoek van Nederlanders op basis van hun antwoorden in de AVO-enquête. (Daarin werd niet naar het exacte aantal bezoeken gevraagd, maar werd een beperkt aantal antwoordcategorieën voorgelegd. Bij schattingen van de bezoekfrequentie zijn daarbij steeds de ondergrenzen van die categorieën gehanteerd, vanuit de gedachte daarmee te corrigeren voor eventuele sociaal wenselijke antwoord-tendenties ten faveure van een ruim bezoek.)

Een constante in de opbouw van het museumpubliek is dat zich daarin nauwelijks enige scheefheid naar sekse aftekent. Telkens rapporteert een ongeveer even groot percentage mannen als vrouwen minstens één museumbezoek in de voorgaande twaalf maanden (tabel 2.2).

Naar leeftijd doen zich wel enkele verschillen voor, al is het totaalbeeld niet eenduidig. De duidelijkste trend is het toenemende museumbezoek onder het oudere deel van de bevolking. Bij elk van de drie oudste van de hier onderscheiden leeftijds-groepen lag het museumbezoek in 2003 10 procentpunten hoger dan twintig jaar eerder. Bij jongeren tot 20 jaar fluctueerde het bezoek sterk, zonder een duidelijk trend te zien te geven. In de meest recente periode 1999-2003 was er bij kinderen en jeugdigen sprake van een duidelijke toename, hetgeen lijkt te duiden op enig succes van de beleidsimpuls Cultuur en school. In de jaren negentig heeft het museum-bezoek van de 20-34-jarigen een flinke veer moeten laten, en in mindere mate ook dat van de 35-49-jarigen.

Tabel 2.2 Museumbezoek naar sekse, leeftijd, opleidingsniveau[a] en etniciteit, bevolking van 6 jaar en ouder, 1983-2003 (percentage dat minstens één bezoek bracht in de 12 maanden voorafgaand aan enquête)

	1983	1987	1991	1995	1999	2003
bezoek (%)	35	39	41	35	37	38
man	35	38	40	33	36	37
vrouw	35	40	42	36	39	39
6-11 jaar	43	50	53	40	46	54
12-19 jaar	46	47	44	39	39	45
20-34 jaar	36	39	41	31	28	27
35-49 jaar	36	42	43	38	39	39
50-64 jaar	31	34	39	36	43	43
65-79 jaar	26	32	34	29	39	36
≥ 80 jaar	11	10	15	14	18	21
lager onderwijs	17	18	19	17	20	16
vmbo (lbo/mavo)	29	32	33	25	28	26
havo, vwo, mbo	42	45	47	39	39	36
hbo, universiteit	63	67	69	60	58	58
Nederlands	.	.	.	35	38	38
Turks, Marokkaans	.	.	.	18	17	23
Surinaams, Antilliaans	.	.	.	21	23	28

. Geen gegevens.
a Hoogste voltooide of huidige opleidingsniveau, bevolking van 20 jaar en ouder.

Bron: SCP (AVO '83-'03)

Naar opleidingsniveau bezien is het beeld eenduidiger. In elk van de jaren geldt dat het museumbezoek hoger ligt naarmate men een hogere opleiding heeft genoten. In de jaren negentig daalde, na een aanvankelijke stijging, echter het museumbezoek binnen elk opleidingsniveau, het sterkst onder de hoger opgeleide lagen van de bevolking. Er kwamen weliswaar meer mensen met een hogere opleiding, maar de gang naar het museum werd onder hoger opgeleiden wat minder vanzelfsprekend. Het hogere opleidingsniveau werd niet verzilverd in de vorm van een grotere toeloop naar musea (Knulst 1992). Tegenover de grotere competentie om van het culturele erfgoed kennis te nemen, stond een grotere competitie om de beschikbare vrije tijd (Van den Broek en De Haan 2000). Deze twee ontwikkelingen hielden elkaar grosso modo in evenwicht. Aangezien het opleidingsniveau in de toekomst niet zal blijven toenemen, kan het afnemend museumbezoek onder hoger opgeleiden wellicht de overhand krijgen.

De etnische achtergrond van museumbezoek is in deze cijferreeks pas sinds 1995 vastgelegd. Sindsdien is het museumbezoek in de diverse allochtone groepen gestegen. Niettemin ligt het niveau van museumbezoek zowel bij Turken en Marokkanen als bij Surinamers en Antillianen nog altijd ruim onder dat van de autochtone Nederlandse bevolking. Daarmee vormt de groei van deze groepen binnen de bevolking een rem op het totale museumbereik van Nederlandse ingezetenen. Daar kan bij worden aangetekend dat hier is volstaan met eenvoudige beschrijvende statistiek. Eerder bleek al dat controle voor sociaal-economische kenmerken een deel van de achterblijvende participatie van deze etnische minderheden verklaart (SCP 2000). Dat betekent, bijvoorbeeld, dat Marokkanen niet alleen minder naar het museum gaan omdat ze Marokkaan zijn, maar mede omdat ze in een maatschappelijke achterstandspositie verkeren. Dit type meer geavanceerde analyses komt niet aan de orde in deze beschrijvende trendrapportage van cultuurbereik, maar wel in een later stadium, in de dieper gravende studies in de Culturele draagvlak-reeks.

Binnen het museumaanbod zijn naar de aard van de collectie verschillende typen musea te onderscheiden. Teneinde de belangstelling voor musea wat te kunnen specificeren, is in de enquêtes twee keer gevraagd naar het bezoek aan een vijftal verschillende soorten musea, te weten kunstmusea, historische musea, natuurhistorische musea, technische musea en volkenkundige musea.

Deze typen musea zijn niet in gelijke aantallen in het Nederlandse museumaanbod vertegenwoordigd. Het aangeven van de verhoudingen tussen deze museumtypen wordt bemoeilijkt, doordat het CBS sinds 1997 een andere museumdefinitie hanteert. In de tellingen sinds dat jaar is de helft van de musea als historisch museum te kenschetsen. Technische (en bedrijfs)musea vormden vóór 1997 circa eenvijfde deel van de Nederlandse musea, daarna 28%. Veelal bevatten ze collecties over de geschiedenis van wetenschap en nijverheid. Het aandeel natuurhistorische musea daalde van 10% in 1993 naar 6% in 2001, doordat dierentuinen met expositieruimte vanaf 1997 niet langer als museum werden geteld. Kunstmusea (voor oude en voor nieuwe kunst) vormen met 10-12% van het totaal een bescheiden niche van het museumlandschap, bescheidener althans dan men op grond van de aandacht in politiek en media zou vermoeden. Zij trokken in recente CBS-peiljaren (1999 en 2001) wel meer bezoeken (6 miljoen) dan elk van de andere vier categorieën musea. Met een constante 2% hebben de volkenkundige musea, waar voorwerpen uit niet-westerse culturen worden getoond, het kleinste aandeel in het geheel (statline.cbs.nl, geraadpleegd februari 2005).

In de peiling van de belangstelling van het publiek voor de verschillende typen musea is de definitie ervan niet toegelicht en daarmee impliciet aan de respondent overgelaten. Wat respondenten aan bezochte typen musea rapporteren (tabel 2.3), is derhalve gebaseerd op hun perceptie van dat museum. Historische musea en kunstmusea trokken volgens de peiling uit 2003 jaarlijks ongeveer 20% van de bevolking, op enige afstand gevolgd door natuurhistorische musea (13%). Volkenkundige musea (9%) en techniekmusea (7%) hebben het kleinste bereik.

Tabel 2.3 Museumbezoek naar verschillende soorten musea, bevolking van 6 jaar en ouder, 1995 en 2003 (percentage dat minstens één bezoek bracht in de 12 maanden voorafgaand aan enquête)

	1995	2003
musea totaal	35	38
historische musea	20	21
musea voor beeldende kunst	17	20
volkenkundige musea	8	9
natuurhistorische musea	11	13
techniekmusea	6	7
andere musea	12	14

Bron: SCP (AVO '95 en '03)

Gerelateerd aan de respectieve aandelen in het aanbod aan musea springt in het oog dat de kunstmusea relatief vaak en de historische musea relatief weinig bezocht worden. Op kleinere schaal geldt eveneens dat technische musea een verhoudingsgewijs bescheiden deel van de publieke belangstelling weten te trekken en dat volkenkundige musea het verhoudingsgewijs goed doen.

Van Museumjaarkaart naar Museumkaart
Dat het publieksbereik van cultuurinstellingen de laatste jaren hoog op de agenda staat, betekent niet dat er in eerdere jaren niet al over de vergroting van het publiek werd nagedacht. De Museumjaarkaart, ingevoerd om de drempel voor veelvuldig museumbezoek te verlagen, bestaat al sinds 1981, bijna een kwart eeuw. Gedurende de jaren tachtig waren de afnemers van de kaart de echte museumliefhebbers. Rond 1990 begon de kaart ook afnemers buiten de kring van de fanatici te vinden. In recente jaren nam de verspreiding van de MJK een hoge vlucht doordat rekeninghouders van de Rabobank en Voordeelurenkaarthouders van de Nederlandse Spoorwegen aanvankelijk dezelfde rechten kregen als MJK-bezitters: gratis toegang in een groot aantal musea. Doordat de sponsorgelden niet tegen de toegenomen publieksbelangstelling waren opgewassen, werd besloten voor de Rabo- en NS-klanten de gratis toegang om te zetten in een toegang voor half geld. De voordeelregeling voor beide klantengroepen is (Rabo) of wordt spoedig (NS) beëindigd. De Museumkaart (www.museumkaart.nl) is de opvolger, die wordt gesponsord door een loterij waarvan de Stichting Museumkaart een van de begunstigden is.

Sinds 1983 is bijgehouden welk deel van de Nederlanders een Museumjaarkaart heeft. Zodoende kunnen de ontwikkelingen in het museumbezoek hiertegen worden afgezet. In bezit en gebruik van de kaart zijn drie fasen te onderscheiden: de jaren tachtig (kleine verspreiding), de vroege jaren negentig (Rabo- en NS-klanten) en de jaren rond de millenniumwisseling (halfgeldregeling voor Rabo- en NS-klanten) (tabel 2.4).

Tabel 2.4 Bezit Museum(jaar)kaart naar sekse, opleidingsniveau[a] en etniciteit, bevolking van 6 jaar en ouder, 1983-2003 (in procenten)

	1983	1987	1991	1995	1999	2003
bezitters (%)	3	3	14	10	24	26
wv. regulier					.	2
Rabo/NS					.	23
man	3	3	12	9	22	25
vrouw	3	4	15	11	26	27
lager onderwijs	1	1	6	6	17	17
vmbo (lbo/mavo)	1	2	16	10	24	25
havo, vwo, mbo	4	4	21	14	30	30
hbo, universiteit	10	11	23	20	39	40
Nederlands	.	.	.	11	25	27
Turks, Marokkaans	.	.	.	2	7	8
Surinaams, Antilliaans	.	.	.	5	7	10

. Geen gegevens.
a Hoogste voltooide of huidige opleidingsniveau, bevolking van 20 jaar en ouder.

Bron: SCP (AVO'83-'03)

In de spreiding van het MJK-bezit naar sekse, opleidingsniveau en etniciteit (tabel 2.4) doen zich dezelfde patronen voor als bij museumbezoek algemeen (tabel 2.2): een lichte oververtegenwoordiging van vrouwen, een groter MJK-bezit naarmate het niveau van de laatst genoten of huidige opleiding hoger is, en een voorsprong van autochtone Nederlanders op de vier grote etnische groepen. De gemiddelde leeftijd van de MJK-bezitter vertoont sinds begin jaren negentig een stijgende lijn, hetgeen duidt op een geleidelijke vergrijzing. De grotere verspreiding van de CKV-pas in het onderwijs, die tegenwoordig dienst doet als Cultureel Jongerenpaspoort, in dezelfde periode verhindert een stijging van de Museumkaart onder het jongere deel der bevolking mogelijk enigszins (zie Huysmans 2004).

In de jaren tachtig waren het de echte liefhebbers van musea en museale tentoonstellingen die de Museumjaarkaart kochten en gebruikten: 3% van de bevolking beschikte over een MJK. Nadat de kaart een veel grotere groep wist te bereiken (stijging tussen 1987 en 1991 van 3% naar 14%), daalde zowel het aandeel MJK-bezoekers als het aantal bezoeken van MJK-bezitters flink (zie tabel 2.5). De nieuwe kaarthouders bezochten 'van nature' minder vaak musea. Als marketinginstrument voldeed de MJK daarmee overigens juist beter aan haar doel: een groter publiek van meer dan alleen de echte liefhebbers aan de musea proberen te binden.

De sponsorcontracten met de Rabobank en de Nederlandse Spoorwegen luidden de derde fase in, waarin het bereik van de kaart nog een keer sterk groeide (tabel 2.4). Dit ging, zoals het laatste meetmoment laat zien, ten koste van de reguliere MJK, dat terugviel tot het niveau van de jaren tachtig. Met de klanten van Rabo en NS haalden de musea een veel grotere groep mensen binnen de muren, een groep met minder museale belangstelling dan de reguliere MJK-bezitters. Zowel het aandeel bezoekers als het aantal bezoeken onder MJK-bezitters (regulier en Rabo/NS samengenomen) is in de tweede helft van de jaren negentig gedaald (tabel 2.5). Maar doordat de groep MJK-bezitters veel groter was dan voorheen, zal het absolute aantal MJK-bezoeken in dezelfde periode verder zijn gestegen.

Tabel 2.5   Museumbezoek naar bezit/niet-bezit Museum(jaar)kaart, bevolking van 6 jaar en ouder, 1983-2003 (in procenten en absolute aantallen)

	1983	1987	1991	1995	1999	2003
museumbezoek in afgelopen 12 maanden (%)						
MJK-bezitters	88	95	61	62	59	55
wv. regulier					.	76
Rabo/NS					.	52
niet-bezitters	34	37	38	32	31	32
aantal bezoeken (gemiddeld)						
MJK-bezitters	3,8	4,6	1,7	2,0	1,5	1,4
wv. regulier					.	3,1
Rabo/NS					.	1,2
niet-bezitters	0,6	0,7	0,7	0,6	0,5	0,6

. Geen gegevens.

Bron: SCP (AVO'83-'03)

2.3   Monumenten

Monumentale dorpen en binnensteden worden dagelijks door velen bevolkt, als toerist, winkelend publiek, werkende of bewoner. In die zin komen monumenten veel vaker in het blikveld van het publiek dan hier wordt bedoeld met 'belangstelling voor monumenten'. Die belangstelling is afgemeten aan een bewust bezoek aan een monument. Daarbij is de definitie van zowel bezoek als monument opnieuw aan de respondent gelaten. Deze beslist wanneer hij of zij een uitstapje naar een bezienswaardig gebouw, stadscentrum of dorpskern rapporteert als een bezoek aan een monument. Omdat het ondoenlijk is om aan de hand van een checklist van monumenten en op basis van een definitie van bezoek tot een betere peiling te komen, rest niet anders dan af te gaan op wat mensen zelf als het bezoek aan een monument ervaren.

Net als bij museumbezoek was 1991 voor het bezoek aan monumenten een piekjaar; in de overige jaren fluctueerde het bereik rond een kleine 45% (tabel 2.6). In de periode 1999-2003 nam de belangstelling toe. Het aandeel frequente bezoekers in de bevolking daalde (een trend sinds 1991), het aandeel incidentele bezoekers groeide en was in 2003 terug op het niveau van 1991.

Tabel 2.6   Monumentenbezoek: bezoekpercentage, aantal bezoeken per 100 inwoners, aandeel frequente en incidentele bezoekers en aantal bezoeken per bezoeker, bevolking van 6 jaar en ouder, 1983-2003 (percentage dat minstens één bezoek bracht in de 12 maanden voorafgaand aan enquête)

	1983	1987	1991	1995	1999	2003
bezoek (%)	44	45	50	43	42	45
aantal bezoeken per 100 inwoners	257	255	285	243	233	230
frequente bezoekers[a] (%)	6	6	7	6	5	3
incidentele bezoekers[b] (%)	37	39	43	37	37	42
aantal bezoeken per bezoeker	5,9	5,7	5,7	5,6	5,5	5,1

a   Eén keer per maand of vaker.
b   Minder dan een keer per maand.

Bron: SCP (AVO'83-'03)

De spreiding in de belangstelling voor monumenten over de bevolking geeft een soortgelijk beeld te zien als bij musea (tabel 2.7). Net zoals daar het geval was, is hier nauwelijks een verschil tussen de seksen waarneembaar. De leeftijdsgroep van 20-34 jaar is in de loop der jaren evenzeer ondervertegenwoordigd geraakt, waar dat aanvankelijk niet het geval was. En ook hier heeft de groep 60-79-jarigen de aanvankelijke achterstand goeddeels ongedaan gemaakt en groeide de belangstelling onder de 80-plussers. De groep 50-64-jarigen vormt hier niettemin met overtuiging de kopgroep, waar ze deze positie bij de musea moet delen met de jongste groepen.

Net als bij de musea geldt dat de belangstelling voor monumenten groter is onder hoger opgeleiden, maar dat onder hen de belangstelling in de loop der jaren verminderde, hetgeen het potentiële culturele rendement van het hogere onderwijsniveau tenietdoet. Maar anders dan bij de musea tekent zich bij monumentenbezoek nog geen inhaalslag af onder nieuwe Nederlanders met een Turkse, Marokkaanse, Surinaamse of Antilliaanse achtergrond.

Tabel 2.7 Monumentenbezoek naar sekse, leeftijd, opleidingsniveau[a] en etniciteit, bevolking van 6 jaar en ouder, 1983-2003 (percentage dat minstens één bezoek bracht in de 12 maanden voorafgaand aan enquête)

	1983	1987	1991	1995	1999	2003
bezoek (%)	44	45	50	43	42	45
man	43	44	49	42	41	45
vrouw	44	46	51	45	44	46
6-11 jaar	46	49	51	42	41	48
12-19 jaar	47	46	49	45	43	43
20-34 jaar	45	46	52	40	39	37
35-49 jaar	47	51	55	51	45	49
50-64 jaar	43	43	52	47	50	56
65-79 jaar	35	35	39	33	37	41
≥ 80 jaar	13	16	14	17	16	19
lager onderwijs	26	24	28	24	23	21
vmbo (lbo/mavo)	40	41	46	36	35	37
havo, vwo, mbo	53	55	58	51	47	49
hbo, universiteit	70	71	77	70	65	65
Nederlands	.	.	.	45	43	46
Turks, Marokkaans	.	.	.	15	16	17
Surinaams, Antilliaans	.	.	.	20	27	21

. Geen gegevens.
a Hoogste voltooide of huidige opleidingsniveau, bevolking van 20 jaar en ouder.

Bron: SCP (AVO'83-'03)

In de peilingen in 1995 en 2003 is het monumentenbezoek in een vervolgvraag gepreciseerd naar vijf typen monument: kerk, paleis of kasteel, stadspand of koopmanshuis, molen en bedrijfspand. Tevens werd een onderscheid gemaakt naar oude dorpskernen en stadsdelen (tabel 2.8). In de groeiende belangstelling voor monumenten deelden alle genoemde typen, behalve bedrijfspanden.

Tabel 2.8 Monumenten: bezoek aan verschillende soorten monumenten, bevolking van 6 jaar en ouder, 1979-2003 (percentage dat minstens één bezoek bracht in de 12 maanden voorafgaand aan enquête)

	1995	2003
monumenten totaal	43	45
oude kerk	25	31
paleis of kasteel	21	25
stadspand, koopmanshuis	10	12
molen	12	14
bedrijfspand	9	9
oude dorpskern	29	33
oud stadsdeel	30	34
ander monument	21	24

Bron: SCP (AVO'95 en '03)

Monumentale dorps- en stadsgezichten alsmede oude kerken kennen het grootste publieksbereik. In 1995 bezocht 30% van de bevolking een oude dorpskern en 31% een oud stadsdeel. Los van hun rol in een monumentaal stedelijk ensemble hadden stadspanden en koopmanshuizen met 10% tot 12% een relatief klein publieksbereik, zeker als men bedenkt dat de categorie 'monumenten met woonbestemming' twee-derde deel van de rijksmonumenten uitmaakt (OCenW 2002a; NCM 2004). Wel is de openstelling van dit type monument, die zich moeilijk verdraagt met de privacy van de bewoners, uiteraard beperkt.

Nota Belvedere
Monumenten zijn er niet alleen om te bezoeken en bewonderen. Men kan er ook in wonen of op uitkijken. De cultuurhistorische waarde van gebouwen en het landschap staat echter meer dan eens op gespannen voet met andere waarden die in de ruimtelijke ordening meewegen. Bij woningbouw, vervoersinfrastructuur (snelwegen, hogesnelheidslijn, Schiphol) en dijkverzwaring moeten de belangen van de cultuurgeschiedenis worden afgewogen tegen economische en veiligheidsbelangen. Om de relatie tussen cultuurhistorie en ruimtelijke ontwikkelingen op de agenda te zetten, is in 1999 door vier ministeries (VROM, OCW, LNV en V&W) de nota *Belvedere* geformuleerd. Het projectbureau Belvedere is opgericht om deze nota uit te voeren. Het bureau zet zich in voor het sterker richtinggevend maken van cultuurhistorie bij ruimtelijke ontwikkelingen. Onder het motto 'behoud door ontwikkeling' wordt gezocht naar mogelijkheden om cultuurhistorische waarden te benutten binnen hedendaagse ruimtelijke opgaven.

Om te meten in hoeverre respectvolle omgang met cultuurhistorische elementen in de ruimtelijke ordening leeft bij Nederlanders, is begin 2004 onderzoek verricht onder ruim 1800 Nederlanders door het SCP en het projectbureau Belvedere, met steun van

OCenW. Hierin werd de cultuurhistorische waarde van gebouwen en landschappen afgezet tegen een reeks andere aspecten van de woonomgeving, teneinde zicht te krijgen van het relatieve belang ervan. Het betreft een eerste meting, zodat geen trends kunnen worden geschetst. Een eerste indruk van de waardering voor cultuurhistorische waarden in de eigen leefomgeving wordt verkregen door de omgeving waarin men het liefst zou willen wonen (met voorbijgaan aan financiële en andere restricties) af te zetten tegen de omgeving waarin men nu woont (tabel 2.9).

Wanneer men de kans zou krijgen de woonwensen te realiseren, zou een massale trek uit oude en nieuwe uitbreidingswijken van de steden naar het platteland het gevolg zijn. Een derde van de volwassen Nederlanders zegt het liefst in landelijk gebied te willen wonen, terwijl feitelijk slechts 8% daar woont. De oudere en nieuwere uitbreidingswijken van steden (en dorpen), tezamen vestigingsplaats voor meer dan twee derde van de bevolking, zouden daarmee de helft van hun huidige bewoners zien vertrekken. Of het deze mensen om rust en ruimte te doen is, dan wel dat de cultuurhistorische kwaliteiten van het landschap een rol spelen, is hieruit overigens niet op te maken.

De twee andere 'stijgers' na de realisatie van woonwensen, zouden de historische binnenstad en de dito dorpskern zijn. Dat het hierbij wel om de historische kwaliteit van de omgeving gaat, en niet om het centraal wonen als zodanig, leert de vergelijking met de nieuwe binnenstad en de nieuwe dorpskern, die allebei inwoners zouden verliezen.

Tabel 2.9 Woonomgeving waarin men woont en waarin men het liefst zou willen wonen, bevolking van 18 jaar en ouder, 2004 (in procenten en procentpunten)

	huidige woonomgeving	gewenste woonomgeving	verschil (procentpunten)
historische binnenstad	5	13	+8
nieuwe binnenstad	5	3	–1
oudere wijk buiten het centrum van een grotere stad	28	14	–14
historische dorpskern	6	14	+7
nieuwe dorpskern	8	4	–4
nieuwere uitbreidingswijk aan de rand van een dorp of stad	40	19	–21
landelijk gebied met verspreide bebouwing	8	33	+25
totaal	100	100	

SCP (Belvedere 2004)

Hoeveel belang men hecht aan het historisch karakter van de gebouwde en landschappelijke omgeving, wordt duidelijk bij een analyse van diverse vestigingsmogelijkheden. Dit is gevraagd voor de huidige en de gewenste woonomgeving, voor zowel het karakter van de bebouwde omgeving als van het omringende landschap (tabellen 2.10 en 2.11).

Tabel 2.10 Belang dat men hecht(te) aan het historische karakter van de bebouwde omgeving, naar huidige woonomgeving, bevolking van 18 jaar en ouder, 2004 (horizontaal gepercenteerd)

	bij keuze van huidige woonomgeving			waar men liefst zou willen wonen		
	van groot belang	van belang	(helemaal) niet van belang	van groot belang	van belang	(helemaal) niet van belang
allen	4	18	78	14	52	34
wonend in						
historische binnenstad	22	37	41	31	57	12
nieuwe binnenstad	1	17	82	11	50	39
oudere wijk buiten het centrum van een grotere stad	4	23	73	17	54	29
historische dorpskern	9	37	53	18	62	20
nieuwe dorpskern	2	12	87	11	47	42
nieuwere uitbreidingswijk aan de rand van een dorp of stad	1	9	90	12	48	40
landelijk gebied met verspreide bebouwing	7	30	63	13	58	29

Bron: SCP (Belvedere 2004)

Van de volwassen Nederlanders zegt 4% dat het historische karakter van de gebouwen een grote rol heeft gespeeld bij de keuze zich te vestigen waar men nu woont. Nog eens 18% geeft aan dat het een zekere rol heeft gespeeld. Het zijn vooral de bewoners van de historische binnensteden die deze mening zijn toegedaan. Zij die de cultuurhistorisch waardevolle dorpskernen bewonen, volgen op enige afstand. Bewoners van het landelijke gebied geven eveneens aan de historische bebouwing te hebben meegewogen.

De rechterhelft van tabel 2.10 laat zien dat 'het oude' een bredere aantrekkingskracht uitoefent. Bij een vrije keuze van woonplek, zou twee derde van de bevolking het cultuurhistorische karakter van de woonomgeving een rol laten spelen in de overwegingen. Ook hier lopen de huidige bewoners van historische binnensteden en dorpskernen, alsmede de plattelandsbewoners voorop. Hieruit kan worden afgeleid dat zij hun huidige woonomgeving mede om deze reden appreciëren.

De cultuurhistorische waarde van het omringende landschap heeft bij de keuze van de huidige woonomgeving een grotere rol gespeeld dan de cultuurhistorische waarde van de bebouwing, zo leert een vergelijking van de bovenste regels uit de tabellen 2.10 en 2.11. Wederom lopen de bewoners van de historische binnensteden, dorpskernen en het platteland voorop. Vanuit binnenstad of dorpskern ligt dat gewaardeerde landschap juist wat verder weg. Blijkbaar gaat de voorliefde voor een historische bebouwing samen met belangstelling voor de cultuurhistorische waarde van het landschap.

Net als de cultuurhistorische waarde van de bebouwing, weegt de cultuurhistorische waarde van het landschap bij de ideale woonomgeving zwaarder dan bij de huidige vestigingsplaats.

Tabel 2.11 Belang dat men hecht(te) aan het historische karakter van het omringende landschap, naar huidige woonomgeving, bevolking van 18 jaar en ouder, 2004 (horizontaal gepercenteerd)

	bij keuze van huidige woonomgeving			waar men liefst zou willen wonen		
	van groot belang	van belang	(helemaal) niet van belang	van groot belang	van belang	(helemaal) niet van belang
allen	7	32	60	14	57	29
wonend in						
historische binnenstad	14	40	46	17	64	19
nieuwe binnenstad	2	21	77	10	53	38
oudere wijk buiten het centrum van een grotere stad	7	30	63	14	62	24
historische dorpskern	15	43	41	19	62	19
nieuwe dorpskern	4	27	69	10	58	32
nieuwere uitbreidingswijk aan de rand van een dorp of stad	6	31	64	14	51	35
landelijk gebied met verspreide bebouwing	17	47	36	19	64	17

SCP (Belvedere 2004)

Een scherper beeld van het relatieve gewicht van cultuurhistorische argumenten wordt verkregen door een vergelijking ervan met andere overwegingen rond de vestigingsvoorkeur. Hoe verhoudt dit aspect zich tot zaken als veiligheid, parkeergelegenheid en winkelaanbod? Het belang van twaalf aspecten van de woonomgeving is weergegeven in tabel 2.12, voor zowel de huidige als de gewenste woonomgeving.

Tabel 2.12 Belang dat men hecht(te) aan verschillende aspecten van de woonomgeving, bevolking van 18 jaar en ouder, 2004 (in procenten)

	bij keuze van huidige woonomgeving		waar men liefst zou willen wonen		verschil
	van (groot) belang (%)	rangorde	van (groot) belang (%)	rangorde	(procentpunten)
veiligheid van de buurt	88	1	96	1	8
bewoners	74	2	83	4	10
verkeersveiligheid	70	3	87	2	17
openbare groenvoorziening	67	4	86	3	19
openbaar-vervoersvoorzieningen	54	5	63	9	10
winkels	53	6	71	5	18
voorzieningen voor buitenrecreatie	53	7	68	7	14
historische karakter van het omringende landschap	40	8	71	6	31
scholen	37	9	38	11	1
culturele voorzieningen	32	10	41	10	9
uitgaansvoorzieningen	26	11	32	12	5
historische karakter van de bebouwing	22	12	66	8	44

SCP (Belvedere 2004)

Dat belang blijkt verhoudingsgewijs klein. Bij de keuze voor de huidige woonomgeving sluit het historische karakter van de bebouwing de rij. Het historische belang van het omringende landschap heeft met een achtste plaats evenmin zwaar gewogen. Veel belangrijker vond men zaken als veiligheid, leefbaarheid en voorzieningen (winkels, openbaar vervoer en parken).

Had men de mogelijkheid te gaan wonen waar men zou willen, dan zou die rangorde wel veranderen. Het historische karakter van gebouwen en van landschap maakt in dat geval een sprongetje, naar een achtste respectievelijk een zesde positie binnen de twaalf gevraagde overwegingen. In termen van het aandeel respondenten dat het historische karakter van (groot) belang vindt, verandert dan veel. Het historische karakter van het landschap is dan voor 71% van (groot) belang (40% bij de keuze voor huidige woning), het historische karakter van de bebouwing voor 66% (was 22%). Deze alleszins aanzienlijke waardering voor het historische karakter van de woonomgeving wordt echter ook dan overtroffen door de waardering van meer 'primaire' zaken als veiligheid en groen- en winkelvoorzieningen.

Behalve de waardering voor historische elementen in de woonomgeving, is in het kader van het cultuurbereik ook het (relatieve) belang van culturele voorzieningen in ogenschouw genomen. Ook dat wordt niet bij uitstek van (groot) belang voor het woongenot geacht. Bij de keus voor de huidige woonomgeving noemde 31% het van (groot) belang, bij de gedroomde woonomgeving 41%. Daarmee is de aanwezigheid van culturele voorzieningen van belang voor een aanzienlijk deel van de bevolking, maar neemt het relatief gezien tweemaal een bescheiden tiende plaats in.

De slotsom kan met dat al luiden dat in de afweging tussen de meer aardse en de meer verheven zaken, aan de eerste toch het grootste belang wordt gehecht. Bij de overgang van de huidige naar de gewenste woonomgeving worden immers vele beperkingen die in het dagelijks leven een doorslaggevende rol spelen (geld, familie, vrienden, school van de kinderen), buiten haakjes worden gezet. Desalniettemin blijkt de cultuurhistorie wel in de belangstelling te staan wanneer aan de eerste levensbehoeften – een veilige woonomgeving met vooral vriendelijke buren – is voldaan.

2.4 Archieven

De cultuurhistorische belangstelling van Nederlanders beperkt zich niet tot musea en monumenten. Vanouds worden documenten – en vele andere objecten (Ketelaar 1993) – systematisch bewaard. Vele kilometers daarvan liggen opgeslagen in de diverse archieven die Nederland rijk is. Niet alles is daar in te zien. In principe is al het materiaal in de overheidsarchieven openbaar, maar krachtens de Archiefwet uit 1995 kunnen er in het belang van de Staat en de bescherming van de persoonlijke levenssfeer, beperkingen aan de openbaarheid worden gesteld. Toegang tot private archieven (bv. van kerken) kan eveneens aan beperkingen gebonden zijn.

'Archieven worden in een organisatie gevormd ter ondersteuning en sturing van het werk, om vast te leggen waarom, wanneer, in welke functie en door wie welke handelingen verricht zijn' (Ketelaar 1998: 6). Als zodanig fungeren archieven als het tastbare en raadpleegbare geheugen van een organisatie. Van oudsher zijn archieven voer voor professionele historici en genealogen. Met de digitale ontsluiting ervan is het mogelijk geworden om op afstand een veel groter publiek van historisch geïnteresseerden te voorzien van de door hen gewenste informatie. Door gelijktijdig te streven naar het combineren van bestanden van archiefinstellingen, zou veel gebruikersvriendelijker kunnen worden gezocht naar gegevens over bijvoorbeeld de eigen woonbuurt. Onder het motto 'de gebruiker centraal' gaf toenmalig staatssecretaris Van der Ploeg in 2002 met zijn beleidsbrief *Interactief archief* het startschot voor het inzetten van ICT bij het gebruikersgericht ontsluiten van archivarische informatie (OCenW 2002b). Met die omslag is de 'archiefkoepel' DIVA momenteel bezig (zie www.divakoepel.nl).

Cijfers over archiefbezoek van het CBS gaan terug tot 2000 en bieden dus nog geen zicht op een eventuele vergroting van het publieksbereik door digitalisering. Uit publiekstellingen blijkt dat een deel van de bevolking inderdaad gebruikmaakt van die mogelijkheid. Het aantal bezoeken groeide van 248.000 in 1980 via 429.000 in 1990 tot 471.000 in 2000; het aantal bezoekers ligt door herhalingsbezoek lager, maar groeide in die jaren eveneens, van 87.000 via 156.000 tot 189.000 (statline.cbs.nl, geraadpleegd februari 2005).

In 2002 is op basis van enquêteonderzoek becijferd dat een groep van 28% van de volwassen bevolking (een kleine 3,5 miljoen mensen) als potentieel geïnteresseerd kan gelden. Deze groep is uitsluitend geïnteresseerd in een virtueel bezoek aan archieven en dan voornamelijk om er informatie over de geschiedenis van de eigen woonomgeving te vinden (Van Dijken en Stroeker 2003).

In het AVO-onderzoek van het SCP wordt sinds 1995 gevraagd naar bezoek aan archieven, en sinds 1999 ook naar de bezoekfrequentie (tabel 2.13). Archieven zijn niet het eerste aanlooppunt voor de in het cultureel erfgoed geïnteresseerde burgers. Door de jaren heen rapporteerden enkele procenten van de bevolking dat zij in de voorbije twaalf maanden een archief bezocht hadden, in 2003 wat meer dan in 1999. Die stijging kan duiden op een grotere toeloop als gevolg van het beschikbaar komen van inventarissen op het internet. De toename in vergelijking met 1995 is echter niet significant, waarmee het te vroeg lijkt om te kunnen spreken van een duidelijke vergroting van het publieksbereik door ICT.

De bezoekfrequentie houdt met drie bezoeken per bezoeker het midden tussen die bij musea en bij monumenten. Het gaat om kleine groep bezoekers, die niet bij uitstek als 'toegewijde participanten' kunnen worden aangemerkt.

Tabel 2.13 Archieven: deelname, aandeel frequente en incidentele bezoekers, en aantal bezoeken per bezoeker, bevolking van 16 jaar en ouder, 1995-2003 (percentage dat minstens één bezoek bracht in de 12 maanden voorafgaand aan enquête)

	1995	1999	2003
bezoek (%)	2,9	2,4	3,3
aantal bezoeken per 100 inwoners	.	7	10
frequente bezoekers[a] (%)	.	0,6	1,0
incidentele bezoekers[b] (%)	.	1,8	2,3
aantal bezoeken per bezoeker	.	2,7	3,2

. Geen gegevens.
a Eén keer per kwartaal of vaker.
b Minder dan een keer per kwartaal.

Bron: SCP (AVO'95-'03)

Archiefbezoek is relatief populair onder mannen, jongere ouderen (50-64 jaar) en hoogopgeleiden (zie tabel 2.14). Waar door de jaren heen vrouwen een lichte voorsprong op mannen laten zien als het gaat om museum- en monumentenbezoek, is het omgekeerde het geval bij de archieven. Onder de leeftijdsgroepen springen vooral de 50-64-jarigen eruit. In 1995 liepen 65-79-jarigen nog voorop in het archiefbezoek, maar acht jaar later voeren de 'jongere ouderen' de andere groepen aan, zoals dat ook bij de monumenten het geval is (zie tabel 2.6).

Opmerkelijk is de stijging van het archiefbezoek door Turken en Marokkanen, die overigens vanwege de kleine groepen in de steekproef niet significant is (tabel 2.14). In de beleidsbrief *Interactief archief* werd gewag gemaakt van een samenwerkingsproject tussen het Dordtse stadsarchief en een lokale stichting, dat tot doel had informatie over de afkomst van Turkse Dordtenaren beschikbaar te krijgen. Meer in den brede werd in de brief gesignaleerd dat 'het de hoogste tijd is dat archiefinstellingen actiever worden om het erfgoed dat nieuwkomers individueel en in verenigingsverband hebben gevormd (...) te verzamelen en toegankelijk te maken' (OCenW 2002b: 8). Enquêtes uitgevoerd in opdracht van de archiefkoepel DIVA maken duidelijk dat tussen 2001 en 2004 het aantal archiefinstellingen dat zich op minderheden richt qua collectievorming en publieksbereik, duidelijk is toegenomen. In 2001 was 9% van de responderende instellingen actief op dit terrein, terwijl in 2004 door 17% van hen een actief publieksbeleid rond minderheden wordt gevoerd. In laatstgenoemd jaar zegt 32% van de responderende instellingen activiteiten op het vlak van cultureel erfgoed van minderheden te hebben (www.divakoepel.nl, geraadpleegd maart 2005).

Tabel 2.14 Archieven: deelname naar sekse, leeftijd, opleidingsniveau[a] en etniciteit, bevolking van 16 jaar en ouder, 1995-2003 (percentage dat minstens één bezoek bracht in de 12 maanden voorafgaand aan enquête)

	1995	1999	2003
bezoek (%)	2,9	2,4	3,3
man	3,0	2,9	3,8
vrouw	2,9	1,8	2,8
6-11 jaar	.	.	.
12-19 jaar	.	.	.
20-34 jaar	2,8	1,9	2,9
35-49 jaar	3,3	1,9	3,0
50-64 jaar	3,0	3,5	4,3
65-79 jaar	3,7	3,1	2,8
≥ 80 jaar	1,2	1,7	0,7
lager onderwijs	1,6	1,7	0,8
vmbo (lbo/mavo)	2,0	1,8	2,0
havo, vwo, mbo	3,6	2,4	2,6
hbo, universiteit	6,0	4,1	6,6
Nederlands	2,9	2,5	3,1
Turks, Marokkaans	1,1	1,5	2,7
Surinaams, Antilliaans	2,6	0,7	1,1

. Geen gegevens.
a Hoogste voltooide of huidige opleidingsniveau, bevolking van 20 jaar en ouder.

Bron: SCP (AVO'83-'03)

2.5 Archeologie

In SCP-bevolkingsonderzoek is niet gevraagd naar de belangstelling voor archeologie. Om toch een beeld te krijgen van (ontwikkelingen in) publieksbereik en publiekssamenstelling van archeologische trekpleisters, zijn hiernaar separate peilingen verricht, met steun van het Archeologisch Informatie Centrum (in 1995) respectievelijk het ministerie van CKV (in 2004). In die enquêtes is gevraagd naar het bezoek aan opgravingen, aan musea met archeologische collecties, aan oudheidkundige reconstructies, aan reconstructieparken en aan archeologische monumenten. In de afgelopen jaren blijkt de belangstelling voor archeologie te zijn toegenomen (tabel 2.15).

Terreinen waar opgravingen worden verricht zijn meestal niet toegankelijk voor publiek. Wel werden deze in de jaren negentig steeds vaker op speciale kijkdagen opengesteld. In 1996 zei 4% van de Nederlandse bevolking in de voorafgaande twaalf maanden een opgraving te hebben bezocht. In 2004 rapporteerden wat meer Nederlanders dat zij bij opgravingen en bodemonderzoek hadden gekeken (5%).

Bij de musea valt op dat vooral de archeologische exposities die zich in speciaal daaraan gewijde musea bevonden, meer belangstelling kregen. Worden ook musea meegeteld die slechts een deel van hun expositieruimte aan archeologie hebben gewijd, dan is er nauwelijks nog een stijging. Ook reconstructieparken (groter in aantal anno 2004) en oudheidkundige reconstructies hebben een grotere toeloop gehad. Hetzelfde geldt voor de in het landschap zichtbare archeologische monumenten.

Tabel 2.15 Belangstelling voor archeologie, bevolking van 25 jaar en ouder, 1996 en 2004 (percentage dat minstens één bezoek bracht in de 12 maanden voorafgaand aan enquête)

	1996	2004
opgravingen/oudheidkundig bodemonderzoek	4	5
archeologische exposities		
uitsluitend in archeologische musea	3	7
inclusief musea met archeologische collectie	13	14
reconstructieparken	3	5
oudheidkundige reconstructies	4	8
zichtbare archeologische monumenten		
uitsluitend landschapselementen	11	16
inclusief monumenten (kastelen e.d.)	17	22
ten minste een van deze presentaties		
enge definitie[a]	19	27
ruime definitie[b]	29	34

a Enge definitie: bij archeologische exposities 'uitsluitend die in archeologische musea'; bij zichtbare archeologische monumenten 'uitsluitend landschapselementen'.
b Ruime definitie: bij archeologische exposities 'inclusief musea met archeologische collectie'; bij zichtbare rcheologische monumenten 'inclusief monumenten (kastelen e.d.)'.

Bron: NIPO (PBA'96); SCP (PBA'04)

In vrijwel alle bevolkingsgroepen nam de belangstelling voor archeologie in de afgelopen jaren toe, het sterkst bij ouderen (tabel 2.16). Ook op het terrein van de archeologie blijkt de culturele belangstelling sterk met het opleidingsniveau samen te hangen. Daarin is in de onderzochte periode geen verandering opgetreden. De archeologische belangstelling is hoger onder mannen dan onder vrouwen.

Tabel 2.16 Bezoek aan ten minste één archeologisch object of museum (enge definitie), naar sekse, leeftijd en opleidingsniveau, bevolking van 25 jaar en ouder, 1996 en 2004 (percentage dat minstens één bezoek bracht in de 12 maanden voorafgaand aan enquête)

	1996	2004
bevolking vanaf 25 jaar	19	27
man	22	29
vrouw	16	25
25-34 jaar	17	24
35-44 jaar	21	25
45-54 jaar	22	27
55-64 jaar	22	30
≥ 65 jaar	14	30
lager onderwijs	11	17
vmbo (lbo/mavo)	14	22
havo, vwo, mbo	18	28
hbo, universiteit	33	39

Bron: NIPO (PBA'96); SCP (PBA'04)

2.6 Historische verenigingen

De belangstelling voor het culturele erfgoed kan zich niet alleen uiten in het bezoeken aan musea, monumenten, archieven en/of archeologische vondsten, maar ook in betrokkenheid bij historische verenigingen en/of instellingen. Historische verenigingen zijn in de loop van twintigste eeuw sterk in aantal gegroeid, vooral in de jaren zeventig en tachtig. Zijn er begin jaren zeventig ten minste 128 lokale en regionale historische verenigingen; halverwege de jaren tachtig zijn het er al ruim 540 (Ribbens 2002: 112). En in 1995 registreerde het Nederlands Centrum voor Volkscultuur (NCV) ongeveer 1.500 organisaties die zich met het verleden van hun streek bezighouden. Anno 2005 leert een telling van dezelfde instantie op basis van haar adressenbestand dat er in Nederland 790 lokale historische verenigingen en 966 folkloreverenigingen (waarvan ongeveer de helft gilden) zijn. Ook telt men 1069 lokale (heemkundige) musea (NCV, persoonlijke communicatie, 17 februari 2005).

Het bereik van historische verenigingen en instellingen onder de bevolking is in twee van de beschikbare peilingen gemeten (tabel 2.17). Het aandeel van de bevolking dat enige vorm van betrokkenheid daarmee rapporteerde, groeide van 10% in 1995 tot 11% in 2003. Vooral het lidmaatschap van historische verenigingen en oudheidkundige genootschappen (veelal heemkundekringen) zat in de lift. Andere organisaties voor cultuurbehoud, zoals verenigingen voor amateurarcheologie en rond bepaalde (landschaps)monumenten, kennen het grootste bereik.

Tabel 2.17 Historische verenigingen en vrijwilligerswerk: lidmaatschap en deelname, bevolking van 16 jaar en ouder, 1995 en 2003 (in procenten)

	1995	2003
lid vereniging lokale/regionale geschiedenis, oudheidkundig genootschap	2,9	3,5
lid vriendenkring museum	2,2	2,4
lid andere organisaties voor cultuurbehoud (bv. monumenten, archeologie)	6,7	7,1
vrijwilligerswerk musea/tentoonstellingen, monumentenzorg, archeologie of archieven	1,5	1,5
ten minste een van deze vier	9,9	10,8

Bron: SCP (AVO'95 en '03)

De vier onderscheiden vormen van betrokkenheid bij historische organisaties vertonen een zekere overlap (tabel 2.18). Een historische interesse vertaalt zich niet zelden in een betrokkenheid bij verschillende vormen van cultureel erfgoed. Dit krijgt vorm in een combinatie van lidmaatschappen of in de combinatie van lidmaatschap met vrijwilligerswerk.

Tabel 2.18 Historische verenigingen en vrijwilligerswerk: overlap in lidmaatschap en deelname, bevolking van 16 jaar en ouder, 2003 (in procenten)

	... is ook lid van / neemt ook deel aan			
	A	B	C	D
wie lid is van / deelneemt aan...				
A vereniging lokale/regionale geschiedenis, oudheidkundig genootschap	–	22	35	14
B vriendenkring museum	32	–	51	18
C andere organisaties voor cultuurbehoud (bv. monumenten, archeologie)	17	16	–	8
D vrijwilligerswerk musea/tentoonstellingen, monumentenzorg, archeologie of archieven	34	30	43	–

Bron: SCP (AVO'03)

Dit type betrokkenheid bij het erfgoed is niet aan sekse gebonden, maar hangt wel sterk met leeftijd samen (tabel 2.19). Zowel die betrokkenheid als de groei daarvan is geconcentreerd in de oudste helft van de bevolking. Hoger opgeleiden zijn vaker actief, een activiteit die, anders dan bijvoorbeeld hun museumbezoek, geen afname vertoont, zodat in dit opzicht de stijging van het onderwijsniveau wel verzilverd wordt. Onder de vier grote etnische minderheden is dit type betrokkenheid bij het Nederlandse erfgoed zeer gering.

Tabel 2.19 Actieve betrokkenheid bij het cultureel erfgoed, naar sekse, leeftijd, opleidings-niveau[a] en etniciteit, bevolking van 6 jaar en ouder, 1995 en 2003 (in procenten van betrokkenheid in de 12 maanden voorafgaand aan enquête)

	1995	2003
betrokken (%)	10	11
man	10	11
vrouw	10	10
6-11 jaar	.	.
12-19 jaar	.	.
20-34 jaar	5	4
35-49 jaar	10	10
50-64 jaar	15	17
65-79 jaar	17	20
≥ 80 jaar	10	14
lager onderwijs	6	7
vmbo (lbo/mavo)	9	9
havo, vwo, mbo	10	10
hbo, universiteit	18	18
Nederlands	10	11
Turks, Marokkaans	3	4
Surinaams, Antilliaans	4	1

. Geen gegevens.
a Hoogste voltooide of huidige opleidingsniveau, bevolking van 20 jaar en ouder.

Bron: SCP (AVO '83-'03)

2.7 Conclusie

De trends in de belangstelling voor het culturele erfgoed duiden op een groeiende belangstelling sinds het midden van de jaren negentig. Musea en monumenten konden in 2003 weliswaar niet tippen aan het topjaar 1991, maar ten opzichte van 1995 tekent zich een stijging af. Die stijging komt bij musea en monumenten voor rekening van degenen die incidenteel een museum bezoeken. Bij de musea maken de frequente bezoekers al jaren een constante 6% van de bevolking uit, terwijl hun aandeel daalt bij de monumenten. Archieven, archeologie en historische verenigingen hadden in recente jaren eveneens een grotere toeloop.

Cultureel erfgoed kon én kan vooral bogen op belangstelling van hoger opgeleiden. Hoe hoger de genoten opleiding, hoe vaker men een bezoek aan erfgoedinstellingen aflegt. Hierin is in de afgelopen decennia geen verandering opgetreden, zij het dat cultuurdeelname onder het hoger opgeleide deel van de bevolking minder vanzelfsprekend tot het standaardrepertoire behoort dan voorheen. Daardoor is het gestegen opleidingsniveau niet ten volle verzilverd in de vorm van een navenant gestegen niveau van cultuurdeelname. Vrouwen zijn wat actiever dan mannen in het bezoeken van cultureel erfgoed, terwijl mannen wat vaker archiefonderzoek doen. Ook daarin is de afgelopen kwart eeuw niets veranderd.

Binnen leeftijdsgroepen tekenen zich verschillende trends af. De cultuurhistorische belangstelling groeit onder 50-plussers, terwijl die van 20-49-jarigen wat krimpt. Aan deze vergrijzing wordt in recente jaren enig tegenwicht geboden door een groeiende belangstelling onder kinderen en tieners. Dit laatste houdt mogelijk verband met het beleid onder de noemer Cultuur en school, zoals vormgegeven in het schoolvak culturele en kunstzinnige vorming (CKV), in het kader waarvan cultuurdeelname wordt gestimuleerd met kortingsregelingen.

Naar etnische origine zijn de ontwikkelingen niet zo duidelijk. Onder Nederlanders met een Turkse of Marokkaanse achtergrond is wel een systematische stijging zichtbaar sinds 1995, maar die is er ook voor autochtonen. Voor de groep Surinamers en Antillianen is het beeld fluctuerend. Hun museumbezoek is sterk gestegen, maar monumenten en historische verenigingen kunnen minder dan in eerdere jaren op hun belangstelling bogen. De meting in 2003 kwam misschien ook nog te vroeg om een effect te kunnen waarnemen van de versterkte aandacht van erfgoedinstellingen richting minderheidsgroepen.

Deze trends overziend kan niet staande worden gehouden dat de belangstelling voor het culturele erfgoed in Nederland onder druk staat. Integendeel, op sommige gebieden neemt het zelfs toe. Dit past in de observatie van Ribbens (2002) dat de lokale historische belangstelling sinds de jaren zestig is gegroeid. Het geschiedenis-onderwijs op school mag dan ter discussie staan, het is de vraag of de roep om een historische canon (Bank en De Rooy 2004) niet op gespannen voet staat met de veelvormige historische belangstelling hier te lande.

Noot

1 Het verschil in definitie van wat onder 'museum' wordt verstaan, speelt niet in de hier gerapporteerde enquêtecijfers.

3 Podiumkunsten en cinema

3.1 Podiumkunsten in het tijdperk van digitalisering en beleving

In de jaren dertig van de vorige eeuw riep de introductie van technieken die de reproductie van kunstwerken mogelijk maakten de vraag op naar de consequenties daarvan voor de beleving van kunst (Benjamin 1985). In *Podia in een tijdperk van afstandsbediening*, de eerste studie in de SCP-reeks *Het culturele draagvlak*, stelde Knulst (1995) de vraag aan de orde waarom men het gemak van een met de afstandsbediening oproepbaar aanbod thuis, nog zou verruilen voor een gang naar concertgebouw, schouwburg of theater. In het digitale tijdperk geldt eens te meer de vraag of technologische innovaties de behoefte aan het origineel niet doen afnemen. Digitale opname- en weergavetechnieken van geluid, en inmiddels ook beeld, hebben een dusdanig niveau van perfectie bereikt, dat men zich de vraag kan stellen waarom men voor een voorstelling nog de deur zou uitgaan.

Daar staat tegenover dat consumptie steeds minder door noodzaak en steeds meer door randverschijnselen gestuurd wordt. Voorkeuren voor producten als auto's en sportschoenen worden minder gestuurd door de objectieve producteigenschappen dan door de rond die producten opgeroepen sfeer of beleving (Schulze 1992). Na de culturalisering van de economie (Mommaas 2000) tot een *experience economy* (Pine en Gilmore 1999) ligt het onderscheidende van een product in de beleving ervan of eromheen. Dat belevingsaspect roept de tegengestelde vraag op of het bijwonen van een podiumuitvoering in concertgebouw, schouwburg of theater dan niet juist het belangrijke voordeel van the real thing heeft boven de digitale versie thuis.

Als eerste stap naar een antwoord op dit soort vragen biedt dit hoofdstuk een overzicht van de ontwikkelingen in de belangstelling voor podiumkunsten in de zalen. In hoofdstuk 4 komt ook de belangstelling voor podiumkunsten via de media aan de orde. Ter inleiding volgen hierna eerst enige aanbodgegevens.

Dit hoofdstuk over de belangstelling voor de podia is opgebouwd rond het onderscheid tussen theater, klassieke muziek, populaire muziek en cinema. Die indeling is niet onproblematisch, maar heeft, integendeel, meer en meer te lijden van de 'ontschotting' binnen het aanbod op de podia. Behalve de aloude discussie of er per definitie een tegenstelling zou bestaan tussen klassieke en populaire muziek, zijn de scheidslijnen veranderlijk. Zo maken rockacts als Golden Earring en Rowwen Hèze sinds een paar jaar theatertournees, voor welke gelegenheid repertoirekeus en uitvoering aan de wat bezadigder omgeving wordt aanpast. Verder bieden 'cultiplexen' zowel films als debatten, theatervoorstellingen en lezingen. Dit bemoeilijkt genrespecifieke tellingen per zaal van de aantallen uitvoeringen en bezoekers daarvan. Doordat in het SCP-bevolkingsonderzoek, waarover hier wordt gerapporteerd, gevraagd is naar het soort uitvoering en niet naar het soort zaal, zorgen popconcerten in schouwburgen en dergelijke daar niet voor interpretatieproblemen.

Concertgebouwen, schouwburgen en theaters
In 2003 telde de Vereniging voor Schouwburg- en Concertgebouwdirecties (VSCD) 145 aangesloten concertgebouwen, schouwburgen en theaters, tegen 107 in het seizoen 1989/'90 en 124 in 1996 (VSCD 2004; www.vscd.nl, geraadpleegd december 2004). Binnen de muren van de VSCD-instellingen groeide het aantal beschikbare zalen en stoelen. In 1996 hadden de leden 205 zalen met circa 105.000 stoelen, in 2003 ging het om 249 zalen met 120.000 stoelen en een totale capaciteit (incl. staanplaatsen) van 135.000 (VSCD 2004). Nieuwbouw en verbouw leidden dikwijls tot grotere capaciteit, soms tot een extra zaal. Inmiddels zijn ook de bestaande vlakkevloertheaters tot de VSCD toegetreden, hetgeen echter meer een administratieve zaak dan een groei van het aantal zalen betreft (navraag bij de VSCD leerde dat het zowel in 2004 als in 1994 om 18 vlakkevloertheaters ging). De groei van het aantal zalen is geen nieuw verschijnsel, maar is het vervolg van een al eerder in gang gezette expansie van het aantal podia; veelal was dit in de vorm van nieuwe theaters in middelgrote plaatsen, terwijl bestaande podia in menig grotere stad een nieuwe behuizing betrokken (Van Maanen 1997: 187-189).

Er zijn echter veel meer podia dan die van de bij de VSCD aangesloten instellingen, zoals poppodia en -festivals, verenigd in de Vereniging van Nederlandse Poppodia (VNP). Een scherp onderscheid in soorten podia is niet te maken, vanwege de multifunctionaliteit van diverse accommodaties (denk aan Ahoy', de Amsterdam Arena en het Gelredome); bovendien doen popacts wel eens een theatertour en omgekeerd schuwt het vernieuwende theateraanbod van poppodia niet. Het CBS geeft voor 2002 een cijfer van 318 organisaties die zich met de exploitatie van podiumkunsten bezighouden. In 1999 lag dat cijfer hoger, op 334 (statline.cbs.nl, geraadpleegd maart 2005).

Het aantal podiumvoorstellingen dat podiuminstellingen rapporteerden vertoonde, blijkens tellingen van het CBS, van 1990 tot 2002 een flinke groei (tabel 3.1). De wijze van tellen veranderde echter vanaf 1999. De telling over de periode 1990-1998 geeft een groei van 18% te zien; die in de nog niet half zo lange periode 1999-2002 een groei van nog eens 14%. Tezamen resulteert dit in een toename met ruim een derde in iets meer dan een decennium.

De toeloop naar die voorstellingen groeide eveneens (http://statline.cbs.nl). Volgens de eerste reeks tellingen steeg het aantal bezoeken van ruim 10 miljoen in seizoen 1990/'91 tot bijna 14 miljoen acht seizoenen later. In de tweede reeks kwam daar een stijging van 14 miljoen in 1999 naar 16 miljoen in 2002 bij, hetgeen neerkomt op een groei van het aantal podiumbezoeken met bijna 60%. Daarmee was in 2002 het gemiddelde podiumbezoek per hoofd van de bevolking circa één uitvoering per jaar.

Tabel 3.1 Aantallen uitvoeringen, 1990/'91-2002

	1990/'91	1994/'95	1998/'99	1999	2002
aantal uitvoeringen	47.060	53.980	55.990		
theater (toneel, mime, poppentheater enz.)	23.710	23.770	21.680		
muziek (orkest-, kamer-, amusements-muziek, jazz enz.)	11.370	14.100	15.600		
muziektheater (muziektheater, opera, musical, cabaret enz.)	7.370	10.780	12.820		
waarvan cabaret	4.470	5.070	5.870		
danstheater (ballet, moderne dans, ..)	3.430	4.140	4.410		
overige podiumkunsten	1.190	1.200	1.480		
aantal uitvoeringen				38.183	43.373
theater				12.686	14.203
muziek				10.421	12.595
muziektheater				3.921	3.945
cabaret en kleinkunst				5.588	5.926
dans en beweging				3.045	3.024

Bron: http://statline.cbs.nl

De ontwikkelingen in de aantallen uitvoeringen verschillen per genre. Bij muziek, muziektheater en cabaret was er over de gehele periode sprake van een groei van het aantal voorstellingen. Maar het aantal theatervoorstellingen daalde volgens de eerste reeks waarnemingen, om volgens de tweede reeks weer te stijgen. Het aantal dansvoorstellingen steeg aanvankelijk en stabiliseerde later.

Over de eerste waarnemingsperiode rapporteerde het CBS ook ontwikkelingen in bezoekersstromen per genre. Die laten een grotere toeloop zien bij alle genres behalve theater (SCP 2002).

Poppodia en-festivals, dance

Een aanbodoverzicht van Nederlandse poppodia is een kwestie van definities. In veel bars treden wel eens lokale bandjes op, maar is zo'n bar daarmee ook een poppodium? Hetzelfde geldt voor incidentele festivals. Daarmee is het niet goed mogelijk betrouwbare cijfers te geven over het totaalaanbod aan popconcerten in Nederland.

Bij de Vereniging van Nederlandse Poppodia zijn 98 leden aangesloten, waaronder 25 festivals (www.vnp.nl, geraadpleegd maart 2005). Op de ledenlijst prijken voornamelijk de grotere en middelgrote podia en de dito festivals (Pinkpop en Lowlands, maar ook diverse bevrijdingsfestivals). De VNP-leden verzorgden in 2003 11.200 concerten en andere activiteiten, met in totaal 2,9 miljoen bezoeken (VNP 2004).

Het Nationaal Pop Instituut (NPI) telt in zijn adressenbestand een kleine 500 poppodia, variërend van Ahoy' en de Amsterdam Arena tot jongerencentra her en der in den lande. Tot 2005 voerde het NPI de subsidieregeling Nederlands Popmuziek Plan uit. Dit plan, geïntroduceerd in 1984, hielp podia bij het programmeren van nog onbekende bands, doordat ze een tegemoetkoming kregen bij een eventueel verlies. De aan de regeling deelnemende podia – tussen 1994 en 2003 schommelde hun aantal rond de 40 – worden 'kernpodia' genoemd. Zij moeten aan een aantal voorwaarden voldoen op het gebied van management, faciliteiten, organisatie, administratie en publiciteit. Er zijn drie groepen kernpodia, onderverdeeld naar grootte: A (capaciteit 450+ bezoekers), B (350-450) en C (200-350) (www.fppm.nl, geraadpleegd maart 2005).

Van deze podia zijn trendgegevens beschikbaar (NPI, persoonlijke communicatie, 9 februari 2005). In 2003 verzorgden de toen 45 kernpodia 1082 subsidiabele en 3857 niet-subsidiabele concerten. De eerste groep concerten trok 186.000 bezoekers (gemiddeld 172 per concert) en de tweede groep 754.000 (195 per concert). In het afgelopen decennium is bij die kernpodia het aantal niet-subsidiabele concerten fors gegroeid, van 1106 in 1994 via 3000 in 1999 tot de genoemde 3857 in 2003. De subsidiabele concerten kenden een bescheidener groei, van een kleine 900 in 1994 tot 1082 in 2003.

Popzalen organiseren niet zelden ook dance-avonden. Organisatoren van dance-evenementen die geen directe link hebben met popmuziek, hebben zich in 2003 verenigd in de Belangenvereniging Dance (BVD, welke afkorting ook wordt ingevuld als Branchevereniging van Dance-organisatoren). De lijst telt inmiddels 25 leden, waaronder marktleiders ID&T en UDC Events/Dance Valley (www.b-v-d-.nl), geraadpleegd maart 2005). In 2002 telde men 1,8 miljoen bezoeken aan dance-evenementen (VSCD 2004: 4).

Cinema: bioscopen en filmhuizen
Nadat de bioscoopmarkt lange tijd in het teken van krimp had gestaan (Knulst 1995: 56), werd in de jaren negentig weer fors geïnvesteerd in dit type voorziening, vooral in grotere bioscopen. In Europees perspectief liep Nederland daarmee overigens achter en vielen die investeringen vooral als inhaalslag te karakteriseren (SCP 2000). Begin 2004 telde Nederland 10 van de bijna 900 Europese multiplexen (grote bioscopen met acht of meer schermen). Twee daarvan tellen elk 14 zalen (www.mediasalles.it). Ook kregen diverse filmhuizen een nieuwe behuizing (o.a. in Breda, Delft en Nijmegen).

De opkomst van de grotere bioscopen is zichtbaar in de divergerende trends in de aantallen bioscopen en doeken (tabel 3.2). In de periode 1995-2003 daalde het aantal bioscopen, maar steeg het aantal doeken. Er kwamen, na een aanvankelijke verdere krimp, in acht jaar tijd 10.000 stoelen bij. De toeloop naar de bioscoop groeide van 16,6 miljoen in 1995 tot 23,7 miljoen in 2003. Voor de filmhuizen gaat eveneens op dat de aantallen doeken, stoelen en bezoeken flink zijn gegroeid. Het aantal filmhuizen is echter, in tegenstelling tot dat van de bioscopen, ongeveer gelijkgebleven.

Tabel 3.2 Bioscopen en filmhuizen: aanbod en bezoek, 1995-2003

		1995	1999	2003
bioscopen en filmhuizen	aantal	195	182	174
	doeken	487	522	602
	stoelen (x 1000)	96,9	97,9	108,6
	bezoek (x 1 mln)	17,2	18,6	24,9
	per inwoner	1,1	1,2	1,5
	nieuw uitgekomen films[a]	239	242	272
	met ten minste 10 kopieën[b]	82	115	143
	met ten minste 80 kopieën[b]	6	16	40
	gem. aantal kopieën[b]	15,6	22,3	30,7
	nieuwe Nederlandse films (incl. coproducties)	30	30	33
	gemiddeld aantal kopieën	10,9	12,0	31,1
bioscopen	aantal	165	149	143
	doeken	438	461	541
	stoelen (x 1000)	92,6	92,7	102,8
	bezoek (x 1 mln)	16,6	17,8	23,7
filmhuizen[c]	aantal	30	33	31
	doeken	49	61	61
	stoelen (x 1000)	4,3	5,2	5,8
	bezoek (x 1 mln)	0,60	0,85	1,18

a Exclusief digitale releases van Docuzone (2003).
b Maximumaantal dat tegelijkertijd in omloop is geweest.
c Met weekprogramma.

Bron: Nederlandse Federatie voor de Cinematografie, Jaarverslag 2003 (www. nvbinfocentrum.nl, geraadpleegd maart 2005) SCP-bewerking

Een stijgende lijn vertonen ook de cijfers over het aantal in bioscopen en filmhuizen uitgebrachte films. Niet alleen zijn er in de Nederlandse bioscopen en filmtheaters meer verschillende films in roulatie gebracht, ook het aantal plaatsen waar deze tegelijkertijd te zien waren, is aanmerkelijk gegroeid.

Het aantal Nederlandse films vertoont door de jaren heen geen duidelijke groei. Wel heeft, volgens de branche zelf, de inmiddels gestaakte film-cv-regeling rond de millenniumwisseling geleid tot een toename in kwaliteit en populariteit van het Nederlandse product.

Het onderscheid tussen bioscopen en filmhuizen is sinds de jaren zeventig langzaam maar zeker kunstmatig geworden. Aanvankelijk draaiden er duidelijk te onderscheiden soorten films, amusementsfilms versus artistieke films. In de loop der jaren zijn veel filmhuizen meer op bioscopen gaan lijken, door meerdere en grotere zalen te bieden en een betere projectie en geluid. Ook in de filmdistributie is deze trend zichtbaar. Publieksfilms en arthousefilms komen niet zelden van dezelfde distributeurs en worden ook in dezelfde zalen vertoond. Illustratief is dat de Associatie van Nederlandse Filmtheaters (ANF) als vereniging per 2005 is opgegaan in de Nederlandse Vereniging van Bioscoopexploitanten (NVB) (www.filmtheaters.nl, geraadpleegd maart 2005). Een ander verschijnsel is evenwel dat filmhuizen soms kiezen voor verbreding van hun cultuuraanbod. Met het ontstaan van 'cultiplexen' (naar analogie van de multiplexen), die naast de meer artistieke films ook theatervoorstellingen brengen, debatten organiseren, beeldende kunst plaatsen en een moderne horecavoorziening bieden (bv. in Den Bosch en Nijmegen), tekent zich een bescheiden trend in die richting af.

Bij het filmaanbod mogen filmfestivals als het Nederlands Film Festival (Utrecht), het IDFA (documentaires, Amsterdam) en het Internationale Film Festival (Rotterdam) niet onvermeld blijven. Deze festivals hebben een uitstraling naar filmtheaters die in de weken erna een selectie uit de festivalfilms vertonen.

3.2 Theater

Toneel

Vanaf eind jaren zeventig was het bereik van toneel geruime tijd constant. Tot medio jaren negentig bezocht ongeveer een kwart van de bevolking ten minste een keer per jaar een toneelvoorstelling. In 1999 was dat bereik wat hoger, maar in 2003 was het weer terug op het niveau van 1995. Die fluctuatie bestond vooral uit wisselingen in het aantal incidentele bezoekers (tabel 3.3).

Tabel 3.3 Toneelbezoek (beroeps- en amateurtoneel): bezoekpercentage, aantal bezoeken per 110 inwoners, aandeel frequente en incidentele bezoekers, en aantal bezoeken per bezoeker, bevolking van 6 jaar en ouder, 1979-2003 (in procenten en bezoeken in de 12 maanden voorafgaand aan de enquête)

	1979	1983	1987	1991	1995	1999	2003
bezoek (%)	24	23	24	25	26	28	26
aantal bezoeken per 100 inwoners	59	51	53	53	55	59	54
frequente bezoekers[a] (%)	5	4	4	4	4	4	4
incidentele bezoekers[b] (%)	19	20	20	22	21	23	22
aantal bezoeken per bezoeker	2,5	2,2	2,2	2,1	2,1	2,1	2,1

a Eén keer per kwartaal of vaker.
b Minder dan een keer per kwartaal.

Bron: SCP (AVO '79-'03)

Het bereik van het toneel is groter onder vrouwen dan onder mannen. Dit verschil was de gehele waarnemingsperiode zichtbaar en is in de loop der jaren niet afgenomen (tabel 3.4). De voorkeur voor toneel lijkt niet te groeien naarmate men ouder wordt. Integendeel, het bereik is het grootst onder jongeren en het kleinst onder 65-plussers.

Binnen de leeftijdsgroep 20-64 jaar tekent zich geen onderscheid naar leeftijd af. In de jongste leeftijdsgroep (6-11 jaar) nam de belangstelling voor toneel toe.

Na een aanvankelijk inzinking in de jaren tachtig, haakten ook de tieners niet af. In de loop van de jaren negentig herstelde het bereik van het toneel onder deze groep zich, vooralsnog op een stabiel niveau van ongeveer een derde.

Binnen elk niveau van opleiding verloor het toneel terrein. De gestage voortdurende stijging van het onderwijsniveau voorkwam echter een algehele daling van de belangstelling voor toneeluitvoeringen.

Naar etniciteit bezien zijn het vooral Turken en Marokkanen die sterk achterblijven, vooralsnog zonder tekenen van een inhaalmanoeuvre. Hierachter zou men de taalachterstand kunnen vermoeden, maar tegen die interpretatie pleit dat degenen die de enquête invulden daarmee juist een proeve van taalvaardigheid hebben afgelegd. Daarom ligt het meer in de rede hier de invloed te veronderstellen van een lager scholingsniveau en van een culturele afstand tot inhoud en vormgeving van het gebodene.

Tabel 3.4 Toneelbezoek (beroeps en amateur) naar sekse, leeftijd, opleidingsniveau[a] en etniciteit, bevolking van 6 jaar en ouder, 1979-2003 (percentage dat minstens één bezoek bracht in de 12 maanden voorafgaand aan enquête)

	1979	1983	1987	1991	1995	1999	2003
bezoek (%)	24	23	24	25	26	28	26
man	22	21	21	23	22	23	22
vrouw	25	26	27	28	29	32	30
6-11 jaar	22	21	27	33	34	40	44
12-19 jaar	31	26	25	28	29	33	33
20-34 jaar	24	24	24	26	25	25	24
35-49 jaar	25	25	26	28	27	26	24
50-64 jaar	22	22	23	24	25	29	25
65-79 jaar	16	21	20	18	17	24	18
≥ 80 jaar	7	13	9	9	12	15	16
lager onderwijs	14	15	12	13	13	15	10
vmbo (lbo/mavo)	20	20	19	21	19	22	17
havo, vwo, mbo	31	28	28	28	29	27	26
hbo, universiteit	39	43	41	43	41	39	36
Nederlands	.	.	.	.	26	28	26
Turks, Marokkaans	.	.	.	.	12	10	8
Surinaams, Antilliaans	.	.	.	.	21	21	22

. Geen gegevens.
a Hoogste voltooide of huidige opleidingsniveau, bevolking van 20 jaar en ouder.

Bron: SCP (AVO'79-'03)

Bij het toneelbezoek kan bezoek aan uitvoeringen van professionals uit het totale bezoek worden gelicht. Het bereik van het beroepstoneel blijkt een stuk kleiner dan dat van het totale toneel: in 2003 was dat 14% in plaats van 26% (tabel 3.5). De overige 12% van de bevolking bezocht uitsluitend amateurtoneel. De aandelen frequente en incidentele bezoekers van beroepstoneel liggen op een navenant lager niveau. Het aantal bezoeken per bezoeker ligt wel gelijk, op gemiddeld iets meer dan twee.

Tabel 3.5 Bezoek aan beroepstoneel: bezoekpercentage, aantal bezoeken per 100 inwoners, aandeel frequente en incidentele bezoekers en aantal bezoeken per bezoeker, bevolking van 6 jaar en ouder, 1983-2003 (in procenten en aantal bezoeken in de 12 maanden voorafgaand aan enquête)

	1983	1987	1991	1995	1999	2003
bezoek (%)	13	13	14	14	15	14
aantal bezoeken per 100 inwoners	29	30	30	30	32	30
frequente bezoekers[a] (%)	2	3	3	2	2	2
incidentele bezoekers[b] (%)	10	10	11	11	12	12
aantal bezoeken per bezoeker	2,3	2,4	2,2	2,2	2,2	2,1

a Eén keer per kwartaal of vaker.
b Minder dan een keer per kwartaal.

Bron: SCP (AVO'83-'03)

De spreiding van bezoek aan beroepstoneel onder de bevolking ligt uiteraard eveneens op een lager niveau dan die van beroeps- en amateurtoneel tezamen. Dit doet zich over de breedte in ongeveer dezelfde mate voor, waardoor de zojuist beschreven patronen van verdeling op hoofdlijnen ook hier gelden. Er zijn echter twee belangrijke verschillen. Bij beroepstoneel verdampt de voorhoedepositie van jongeren. In de basisschoolleeftijd resteert een kleine voorsprong; tieners onderscheiden zich niet langer in positieve zin. Ten tweede is de verdeling van het bezoek aan uitvoeringen van beroepstoneel selectiever naar het behaalde onderwijsniveau (tabel 3.6).

Tabel 3.6   Bezoek beroepstoneel naar sekse, leeftijd, opleidingsniveau[a] en etniciteit, bevolking van 6 jaar en ouder, 1983-2003 (percentage dat minstens één bezoek bracht in de 12 maanden voorafgaand aan enquête)

	1983	1987	1991	1995	1999	2003
bezoek (%)	13	13	14	14	15	14
man	11	11	12	11	13	12
vrouw	14	15	15	16	17	17
6-11 jaar	7	11	11	12	17	18
12-19 jaar	10	10	11	11	13	13
20-34 jaar	15	14	15	15	15	15
35-49 jaar	15	16	16	16	14	15
50-64 jaar	13	13	14	14	17	15
65-79 jaar	11	11	9	10	12	10
≥ 80 jaar	5	3	2	6	5	11
lager onderwijs	6	5	5	5	5	4
vmbo (lbo/mavo)	10	9	9	10	10	8
havo, vwo, mbo	18	18	16	17	16	16
hbo, universiteit	35	32	33	30	28	27
Nederlands	.	.	.	14	15	14
Turks, Marokkaans	.	.	.	3	4	<1
Surinaams, Antilliaans	.	.	.	9	8	12

.   Geen gegevens.
a   Hoogste voltooide of huidige opleidingsniveau, bevolking van 20 jaar en ouder.

Bron: SCP (AVO '83-'03)

Ballet

Ballet kent een kleine schare liefhebbers van enkele procenten van de bevolking (tabel 3.7). In de loop der jaren deden zich enkele fluctuaties voor – de laatste betrof een lichte stijging in 2003 – maar geen duidelijke trend.

In het SCP-onderzoek is uitsluitend naar het bezoek aan balletuitvoeringen gevraagd; het bereik van moderne dans blijft hier buiten beeld. Gezien het aantal uitvoeringen van moderne dans (SCP 2000) geven de cijfers over alleen ballet een onderschatting van de totale belangstelling voor dans. Gezien het stijgende aantal dansvoorstellingen en het dalende aantal balletvoorstellingen (SCP 2000), kunnen de trendgegevens over de belangstelling voor ballet evenmin gegeneraliseerd worden naar de belangstelling voor dans in het algemeen. Recent onderzoek naar de profielen van bezoekers en niet-bezoekers van podiumkunsten laat zien dat de belangstelling voor moderne dans anno 2004 wat groter is dan die voor (klassiek) ballet. Van degenen die aangeven in het afgelopen half jaar een of meerdere voorstellingen van podiumkunst te hebben bezocht, zegt 4% een voorstelling van moderne dans en 3% een balletvoorstelling te hebben bezocht (Van de Pol en Duijser 2004).

Tabel 3.7 Balletbezoek: bezoekpercentage, aantal bezoeken per 100 inwoners, aandeel frequente en incidentele bezoekers en aantal bezoeken per bezoeker, bevolking van 6 jaar en ouder, 1979-2003 (in procenten en bezoeken in de 12 maanden voorafgaand aan de enquête)

	1979	1983	1987	1991	1995	1999	2003
bezoek (%)	3,2	4,0	5,0	4,3	4,0	4,0	4,6
aantal bezoeken per 100 inwoners	5	7	8	8	7	7	8
frequente bezoekers[a] (%)	0,2	0,4	0,5	0,6	0,4	0,4	0,5
incidentele bezoekers[b] (%)	3,0	3,7	4,5	3,8	3,6	3,7	4,1
aantal bezoeken per bezoeker	1,5	1,7	1,7	1,8	1,7	1,7	1,8

a Eén keer per kwartaal of vaker.
b Minder dan een keer per kwartaal.

Bron: SCP (AVO'79-'03)

Een bezoek brengen aan balletuitvoeringen is in sterke mate een vrouwenaangelegenheid. Het bereik van ballet is onder vrouwen tweemaal zo groot als onder mannen, een patroon dat in de gehele waarnemingsperiode constant was. Ballet is in 2003 het meest geliefd in de leeftijd van 35 tot 65 jaar. Dit is een nieuw verschijnsel; in de eerste peiljaren wisten jongeren het best de weg naar balletuitvoeringen te vinden. Mogelijk ligt hieraan een verandering in de aard van het gebodene ten grondslag. In de loop der jaren hebben de oudste leeftijdsgroepen hun aanvankelijk aanzienlijke achterstand aanmerkelijk verkleind. De hoogst opgeleiden willen nog wel eens een balletbezoek in het uitgaansrepertoire opnemen, laagopgeleiden doen dat weinig. Balletbezoek is relatief populair onder mensen met een Surinaamse of Antilliaanse achtergrond (tabel 3.8).

Tabel 3.8 Balletbezoek naar sekse, leeftijd, opleidingsniveau[a] en etniciteit, bevolking van 6 jaar en ouder, 1979-2003 (percentage dat minstens één bezoek bracht in de 12 maanden voorafgaand aan enquête)

	1979	1983	1987	1991	1995	1999	2003
bezoek (%)	3,2	4,0	5,0	4,3	4,0	4,0	4,6
man	2,2	2,6	3,5	2,9	2,5	2,8	3,0
vrouw	4,2	5,4	6,5	5,7	5,5	5,3	6,2
6-11 jaar	4,7	5,4	7,6	2,1	3,2	4,4	4,4
12-19 jaar	5,6	5,3	4,5	3,5	2,0	3,5	3,9
20-34 jaar	3,4	5,3	6,1	5,3	3,9	2,8	3,3
35-49 jaar	2,4	3,4	5,0	5,3	5,0	4,5	5,6
50-64 jaar	2,4	2,9	3,5	3,7	4,9	5,4	6,1
65-79 jaar	1,1	1,9	4,0	3,9	3,2	4,0	3,8
≥ 80 jaar	0,3	0,0	1,5	0,9	2,0	3,0	3,1
lager onderwijs	0,7	0,8	1,0	1,0	1,3	0,9	1,8
vmbo (lbo/mavo)	1,5	2,1	3,0	2,3	2,1	2,4	1,8
havo, vwo, mbo	4,0	5,1	5,7	4,7	4,6	3,9	4,2
hbo, universiteit	8,0					9,4	
Nederlands	.	.	.	.	3,8	3,9	4,4
Turks, Marokkaans	.	.	.	.	2,0	2,0	2,3
Surinaams, Antilliaans	.	.	.	.	3,2	5,9	5,2

. Geen gegevens.
a Hoogste voltooide of huidige opleidingsniveau, bevolking van 20 jaar en ouder.

Bron: SCP (AVO'79-'03)

Cabaret

Het cabaret ging in de jaren negentig als uitgesproken groeipost de theaterboeken in. Niet alleen het aantal uitvoeringen nam toe, maar ook het aantal bezoeken. De stijgende belangstelling voor cabaret is tevens waar te nemen in de bereikscijfers. Die groei is geconcentreerd tussen de peilingen in 1995 en 1999, toen het publieksbereik van 11% naar 14% steeg, en tevens het aandeel frequente bezoekers groeide van 10% naar 12% (tabel 3.9).

Tabel 3.9 Cabaretbezoek: aantal bezoeken per 100 inwoners, aandeel frequente en incidentele bezoekers en aantal bezoeken per bezoeker, bevolking van 6 jaar en ouder, 1979-2003 (in procenten en bezoeken in de 12 maanden voorafgaand aan de enquête)

	1979	1983	1987	1991	1995	1999	2003
bezoek (%)	12	11	11	11	11	14	14
aantal bezoeken per 100 inwoners	21	18	19	19	20	26	27
frequente bezoekers[a] (%)	1	1	1	1	2	2	2
incidentele bezoekers[b] (%)	11	10	10	10	10	12	12
aantal bezoeken per bezoeker	1,8	1,6	1,8	1,7	1,8	1,9	1,9

a Eén keer per kwartaal of vaker.
b Minder dan een keer per kwartaal.

Bron: SCP (AVO '79-'03)

De verdeling van cabaretbezoek over de bevolking was door de jaren heen opmerkelijk stabiel (tabel 3.10). Er was steeds weinig verschil in de mate van populariteit van cabaretuitvoeringen tussen de seksen, met een lichte oververtegenwoordiging van vrouwen. Naar leeftijd gezien vormt de belangstelling voor cabaret een omgekeerde U-curve: op de lijn van jong naar oud neemt die belangstelling eerst toe, om te pieken onder de jongvolwassenen en vervolgens weer af te nemen. Relatief gezien zat de meeste groei in de leeftijd van 50 tot 80 jaar.

De voorkeur voor cabaret naar opleidingsniveau is scheef verdeeld: hoe hoger de opleiding, hoe groter de proportie cabaretbezoekers. Hoewel het tot de toegankelijker genres behoort, keert dus ook bij cabaret het opleidingsverschil terug. Onder middelbaar opgeleiden maakte de belangstelling voor cabaret aanvankelijk een neergang door, en later een gedeeltelijk herstel. Cabaretbezoek daalde onder alle opleidingsniveaus iets, maar niet zodanig dat de gevolgen van de onderwijsexpansie erdoor ongedaan werden gemaakt.

Dat enkele cabaretiers van allochtone herkomst als rijzende sterren gelden, heeft er nog niet toe geleid dat allochtonen qua cabaretbezoek gelijke tred met autochtonen houden. Onder Turken en Marokkanen is geen groeiende belangstelling voor dit genre bespeurbaar, onder Surinamers en Antillianen duidelijk wel.

Tabel 3.10 Cabaretbezoek naar sekse, leeftijd, opleidingsniveau[a] en etniciteit, bevolking van 6 jaar en ouder, 1979-2003 (percentage dat minstens één bezoek bracht in de 12 maanden voorafgaand aan enquête)

	1979	1983	1987	1991	1995	1999	2003
bezoek (%)	12	11	11	11	11	14	14
man	11	10	10	10	10	13	13
vrouw	13	11	12	12	12	14	15
6-11 jaar	2	1	2	1	2	3	3
12-19 jaar	11	8	7	8	7	9	11
20-34 jaar	17	15	15	16	15	19	19
35-49 jaar	15	15	14	15	15	15	16
50-64 jaar	12	11	11	11	12	18	17
65-79 jaar	5	6	7	6	5	9	9
≥ 80 jaar	2	2	2	2	3	3	3
lager onderwijs	6	5	4	4	4	5	4
vmbo (lbo/mavo)	12	10	9	9	9	12	10
havo, vwo, mbo	23	18	16	16	16	18	18
hbo, universiteit	28	29	27	25	27	28	26
Nederlands	.	.	.	.	12	14	15
Turks, Marokkaans	.	.	.	.	2	3	2
Surinaams, Antilliaans	.	.	.	.	5	8	9

. Geen gegevens.
a Hoogste voltooide of huidige opleidingsniveau, bevolking van 20 jaar en ouder.

Bron: SCP (AVO'79-'03)

3.3 Klassieke muziek

Klassiek concert

Tot 1995 groeide het deel van de Nederlandse bevolking dat minstens een keer per jaar een klassiek concert, opera of operette bezocht. Daarna zette een daling in (tabel 3.11). Deze fluctuaties zijn te herleiden tot het komen en weer gaan van incidentele bezoekers; het percentage vaste bezoekers vertoonde geen beweging.

Tabel 3.11 Bezoek concerten klassieke muziek en opera/operette: bezoekpercentage, aantal bezoeken per 100 inwoners, aandeel frequente en incidentele bezoekers, en aantal bezoeken per bezoeker, bevolking van 6 jaar en ouder, 1979-2003 (in procenten en bezoeken in de 12 maanden voorafgaand aan de enquête)

	1979	1983	1987	1991	1995	1999	2003
bezoek (%)	12	13	15	16	17	15	14
aantal bezoeken per 100 inwoners	30	32	35	38	39	35	33
frequente bezoekers[a] (%)	3	3	3	3	3	3	3
incidentele bezoekers[b] (%)	9	10	12	13	14	12	11
aantal bezoeken per bezoeker	2,5	2,4	2,4	2,4	2,2	2,3	2,4

a Eén keer per kwartaal of vaker.
b Minder dan een keer per kwartaal.

Bron: SCP (AVO'79-'03)

De bevraging in de enquête staat vanaf 1987 een onderscheid toe tussen opera/operette en (overige) klassieke concerten. De piek in 1995 blijkt dan voor een groot deel te worden veroorzaakt door een eenmalige piek in de populariteit van de opera. De belangstelling voor klassieke concerten maakte een veel geleidelijker op- en neergang door (tabel 3.12).

Tabel 3.12 Bezoek concerten klassieke muziek en opera/operette, bevolking van 6 jaar en ouder, 1979-2003 (percentage dat minstens één bezoek bracht in de 12 maanden voorafgaand aan enquête)

	1979	1983	1987	1991	1995	1999	2003
klassieke muziek totaal	12	13	15	16	17	15	14
klassieke concerten	.	.	12	14	13	13	12
opera's, operettes	.	.	5	5	8	5	5

. Geen gegevens.

Bron: SCP (AVO'79-'03)

Bij klassieke muziek doet zich opnieuw de situatie voor dat het bereik onder vrouwen door de jaren heen wat groter was dan onder mannen (tabel 3.13). De belangstelling voor klassieke muziek vormt naar leeftijd gezien opnieuw een omgekeerde U-curve, waarbij dit keer de piek later in de levensloop ligt, namelijk in de leeftijd van 50-64 jaar. De laatste peiljaren kende de leeftijdsgroep 65-79 jaar de op een na hoogste proportie concertgangers, en de 80-plussers de op twee na hoogste. Het zwaartepunt van het bezoek aan klassieke concerten kwam gaandeweg wat later in de levensloop te liggen, wat zich uit in een zekere vergrijzing van de belangstelling.

Hoe hoger de opleiding die men heeft genoten, hoe waarschijnlijker het is dat men klassieke concerten bijwoont. In 1995 lag de belangstelling voor de klassieke uitvoeringspraktijk op alle opleidingsniveaus op een hoger plan dan daarvoor, daarna daalde die belangstelling binnen elk van de niveaus snel. Zonder het nog stijgende opleidingsniveau zou de belangstelling voor klassieke concerten na 1995 een sterkere neergang te zien gegeven hebben dan nu het geval was.

Tabel 3.13 Bezoek concerten klassieke muziek en opera/operette naar sekse, leeftijd, opleidingsniveau[a] en etniciteit, bevolking van 6 jaar en ouder, 1979-2003 (percentage dat minstens één bezoek bracht in de 12 maanden voorafgaand aan enquête)

	1979	1983	1987	1991	1995	1999	2003
bezoek (%)	12	13	15	16	17	15	14
man	10	11	13	14	15	13	12
vrouw	13	14	16	18	20	17	16
6-11 jaar	4	5	7	7	6	6	8
12-19 jaar	9	7	7	9	10	8	7
20-34 jaar	9	12	12	14	14	10	10
35-49 jaar	16	16	19	19	21	14	13
50-64 jaar	18	19	20	22	27	25	22
65-79 jaar	14	18	19	20	20	25	20
≥ 80 jaar	7	10	12	7	12	15	15
lager onderwijs	8	8	8	9	11	9	6
vmbo (lbo/mavo)	10	12	13	13	15	14	9
havo, vwo, mbo	20	20	20	19	21	16	14
hbo, universiteit	29	33	35	37	36	31	29
Nederlands	.	.	.	.	17	15	14
Turks, Marokkaans	.	.	.	.	6	3	7
Surinaams, Antilliaans	.	.	.	.	6	8	6

. Geen gegevens.
a Hoogste voltooide of huidige opleidingsniveau, bevolking van 20 jaar en ouder.

Bron: SCP (AVO'79-'03)

Opvallender dan het benedengemiddelde klassieke concertbezoek van Turken en Marokkanen, is de gelijke achterstand in dit opzicht van Surinamers en Marokkanen. In dit goeddeels non-verbale genre speelt de beheersing van de Nederlandse taal geen rol (terwijl bij opera's het Nederlands als voertaal hoogst ongebruikelijk is). Overigens is een andere interpretatie mogelijk: dat al deze groepen 'nieuwe Nederlanders' van oudsher een even grote culturele afstand tot de westerse klassieke muziektraditie kennen.

3.4 Populaire muziek

De belangstelling voor concerten van populaire muziek gaf in de hele waarnemingsperiode een gestage groei te zien. In het AVO, en dus ook in deze rapportage, omvat de categorie 'populaire muziek' naast popmuziek ook jazzmuziek en musicals, al zijn er meer en andere specificaties van populaire muziek denkbaar en bevinden musicals zich op het grensvlak van muziek en toneel.

Anno 2003 rapporteerde bijna een derde van de bevolking in de twaalf voorafgaande maanden minstens eenmaal een concert van een van deze vormen van populaire muziek bezocht te hebben. Eind jaren zeventig was dat nog maar een op de acht Nederlanders. Het aantal bezoeken per honderd inwoners verdubbelde in de afgelopen kwart eeuw bijna. Deze stijging kwam vooral op het conto van de incidentele popconcertgangers, wier aantal sterker groeide dan dat van de frequente bezoekers (tabel 3.14).

Tabel 3.14 Bezoek concerten van populaire muziek (pop, jazz, musicals): bezoekpercentages, aantallen bezoeken per 100 inwoners, aandeel frequente en incidentele bezoekers en aantal bezoeken per bezoeker, bevolking van 6 jaar en ouder, 1979-2003 (in procenten en bezoeken in de 12 maanden voorafgaand aan de enquête)

	1979	1983	1987	1991	1995	1999	2003
deelname (%)	13	18	21	24	25	28	31
aantal bezoeken per 100 inwoners	33	43	47	53	53	54	62
frequente bezoekers[a] (%)	2,6	3,2	3,6	3,7	3,7	3,5	3,8
incidentele bezoekers[b] (%)	10,5	14,9	17,0	20,6	21,2	24,2	27,5
aantal bezoeken per bezoeker	2,5	2,4	2,3	2,2	2,1	1,9	2,0

a Eén keer per kwartaal of vaker.
b Minder dan een keer per kwartaal.

Bron: SCP (AVO '79-'03)

Pas vanaf 1999 is gevraagd naar de aard van het bezochte populaire concert (tabel 3.15). Hadden popconcerten het grootste bereik, musicals kenden de snelste groei en inmiddels ook een flink bereik: een op de zes Nederlanders had in het jaar voorafgaand aan de enquête een musical bezocht. Dit is opmerkelijk, gezien het feit dat Nederland niet op een noemenswaardige musicaltraditie kan bogen. Min of meer uit het niets heeft Joop van den Ende met zijn theaterproducties dit genre een volwaardige plaats op de uitagenda gegeven, zowel in termen van aanbod als in termen van belangstelling daarvoor. Jazz neemt een veel bescheidener plaats in het uitgaansrepertoire in. Daarmee vergeleken heeft dance, de jongste loot aan de stam van de populaire muziek en inmiddels een volwaardig lid van de familie, een tweemaal zo groot bereik. Wel verschilt de publiekssamenstelling tussen de genres, vooral naar leeftijd. In 2003 lagen de gemiddelde leeftijden op: dance 26 jaar, popconcert 33 jaar, musical 37 jaar en jazz 42 jaar.

Tabel 3.15 Bezoek populaire muziek, bevolking van 6 jaar en ouder, 1999 en 2003 (percentage dat minstens één bezoek bracht in de 12 maanden voorafgaand aan enquête)

	1999	2003
populaire muziek totaal	28	31
popconcerten	19	21
jazzconcerten	4	4
musicals	11	16
danceparty's	8	9

Bron: SCP (AVO'99 en '03)

Ook concerten van populaire muziek hebben een wat groter bereik onder vrouwen dan onder mannen (tabel 3.16). Menig rockliefhebber is inmiddels op leeftijd. De vroegste iconen van de jeugdcultuur naderen zelfs al de pensioengerechtigde leeftijd. Uit tabel 3.15 valt goed af te lezen hoe fans van populaire muziek de voorkeuren van hun jeugd trouw bleven. Al in de jaren tachtig moesten de tieners hun status van fakkeldrager qua hoogste popconcertdeelname afstaan aan de categorie 20-34 jaar. Steeds meer 35-plussers en later 50-plussers gingen popconcerten frequenteren. Inmiddels telt de categorie 35-49 jaar meer bezoekers aan dit soort concerten, mede dankzij de musical, dan de categorie 'tieners'. Aan de andere kant van de leeftijdspiramide begonnen meer kinderen in de leeftijd van 6 tot 12 jaar populaire concerten te bezoeken, hetgeen past in het beeld dat men commercieel gezien op steeds jongere leeftijd voor vol wordt aangezien (Van den Broek 2003), getuige ook congressen over kinder- en peutermarketing. In recente jaren zijn op deze leeftijdsgroep gerichte groepen op tournee door het land gegaan, met het Vlaamse K3 als bekendste voorbeeld.

Met uitzondering van musicalbezoekers zijn de bezoekers van alle genres ouder geworden. Vooral bij popconcerten was dat het geval: in vier jaar tijd (tussen 1999 en 2003) klom de gemiddelde leeftijd 2,3 jaar. De aanwas onder de jongste concertliefhebbers geeft enigszins tegengas aan dit verschijnsel.

Een vast patroon gedurende de gehele waarnemingsperiode is dat ook dit genre van podiumbezoek een ongelijke verdeling naar opleidingsniveau te zien geeft. Hoewel niet zelden de heroïek van de arbeidersklasse bezongen wordt, gaan meer hoger dan lager opgeleiden naar dit soort concerten. Ter verklaring van verschillen in cultuurparticipatie tussen lager en hoger opgeleiden, is de gedachte geopperd dat het een hogere informatieverwerkingscapaciteit vergt om complexere cultuurvormen te kunnen appreciëren (Ganzeboom 1989). Opleidingsverschillen zouden verwijzen naar verschillen in deze capaciteit. Echter, de scheve verdeling bij populaire concerten doet veeleer een grotere mate van uitgaansgeneigdheid vermoeden, ongeacht de complexiteit van het gebodene. Dit laatste werd overigens in de jaren zestig reeds vastgesteld (Wippler 1968).

Tabel 3.16 Bezoek populaire muziek (pop, jazz, musicals), naar sekse, leeftijd, opleidingsniveau[a] en etniciteit, bevolking van 6 jaar en ouder, 1979-2003 (percentage dat
minstens één bezoek bracht in de 12 maanden voorafgaand aan enquête)

	1979	1983	1987	1991	1995	1999	2003
bezoek (%)	13	18	21	24	25	28	31
man	14	20	21	26	25	26	29
vrouw	12	17	21	23	25	29	34
6-11 jaar	4	5	6	7	6	14	22
12-19 jaar	29	35	32	34	29	36	32
20-34 jaar	21	32	37	45	43	43	46
35-49 jaar	9	12	18	22	28	31	38
50-64 jaar	5	7	10	11	15	19	26
65-79 jaar	2	3	4	4	7	9	9
≥ 80 jaar	1	1	1	1	3	2	3
lager onderwijs	4	5	6	9	10	12	11
vmbo (lbo/mavo)	11	15	18	21	23	22	25
havo, vwo, mbo	20	25	28	35	37	35	39
hbo, universiteit	21	31	37	41	41	43	46
Nederlands	.	.	.	.	25	28	32
Turks, Marokkaans	.	.	.	.	12	9	10
Surinaams, Antilliaans	.	.	.	.	20	29	23

.   Geen gegevens.
a   Hoogste voltooide of huidige opleidingsniveau, bevolking van 20 jaar en ouder.

Bron: SCP (AVO'79-'03)

Allochtonen met een Turkse en Marokkaanse achtergrond blijven ook in het bezoek van populaire concerten bij de rest van de bevolking achter. Zeker bij de eerste generatie mag hier een effect van onderwijsachterstand en culturele afstand worden vermoed. De tweede generatie is al meer op de westerse cultuurindustrie gericht, terwijl ze door de mondialisering van die industrietak inmiddels ook bediend wordt met popartiesten uit Turkije en de Rif (al zijn hun concerten in Nederland nog weinig talrijk). Niettemin is er een sterke *urban* traditie aan het ontstaan in de grote steden, waarin jongeren uit diverse culturele achtergronden participeren (Trienekens 2004).

3.5 Cinema

De komst van de multiplexen is een in het oog springende uiting van de revival van de bioscoop. Na een lange tijd van teruglopend bezoek, groeide in de jaren negentig de stroom bezoekers van bioscopen weer (tabel 3.2, zie De Haan et al. 2001). Gezien de opkomst van commerciële televisie een paar jaar eerder, mag dat opmerkelijk heten, temeer daar vooral de jongeren – het bioscooppubliek bij uitstek – zich ontvankelijk toonden voor het commerciële tv-aanbod (Huysmans et al. 2004). Potentiële concurrenten als computergames, internet en dvd's verhinderden evenmin dat de bioscopen steeds voller liepen. Investeringen in betere accommodaties bleken lonend en duren voort. Het 'een bioscoopje pikken' hervond nadrukkelijk een plaats op het uitgaansrepertoire, zoals ook blijkt uit het groeiende jaarbereik van de bioscoop sinds de vroege jaren negentig. Vooral het frequentere bioscoopbezoek zat in de lift (tabel 3.17).

Tabel 3.17 Bezoek aan cinema (bioscoop en filmhuis): bezoekpercentage, aantal bezoeken per 100 inwoners, aandeel frequente en incidentele bezoekers, en aantal bezoeken per bezoeker, bevolking van 6 jaar en ouder, 1979-2003 (in procenten en bezoeken in de 12 maanden voorafgaand aan de enquête)

	1979	1983	1987	1991	1995	1999	2003
deelname (%)	49	48	45	46	49	54	57
aantal bezoeken per 100 inwoners	187	175	155	161	168	181	216
frequente bezoekers[a] (%)	18	18	16	17	18	20	24
incidentele bezoekers[b] (%)	31	31	29	29	31	34	33
aantal bezoeken per bezoeker	3,8	3,6	3,4	3,5	3,5	3,4	3,8

a Eén keer per kwartaal of vaker.
b Minder dan een keer per kwartaal.

Bron: SCP (AVO'79-'03)

Naast marktconform opererende bioscopen kent Nederland filmhuizen, steunend op subsidies en vrijwilligers, waar het artistieke segment van de filmproductie centraal staat. Filmhuizen brengen niet het spektakel van de reguliere bioscopen, maar hebben ambities op het vlak van de artistieke kwaliteit. Het 'alternatieve' filmaanbod draait inmiddels niet meer in zaaltjes met gebrekkige apparatuur en gering comfort. Integendeel, veel filmhuizen zijn uiterlijk nauwelijks nog van de reguliere bioscoop te onderscheiden. Zeker wanneer artistieke films door het winnen van een of meer Oscars breder in de belangstelling komen te staan, komt het voor dat ze tegelijkertijd in het filmhuis en in de bioscoop worden vertoond. Een en ander bemoeilijkt in toenemende mate het bevragen van de bevolking over hun filmhuisbezoek. Toch wordt nog steeds apart gevraagd naar het bezoek aan filmhuizen.

Het bereik van die filmhuizen deelde niet in de daling sinds het eerste peiljaar van de hier onderzochte periode, maar deelde aanvankelijk evenmin in de hernieuwde belangstelling voor het witte doek. Sinds 1999 is echter ook het bezoek aan filmhuizen stijgende. Uit de constatering dat het bereik van bioscoop en filmhuis tezamen steeds maar een procentpunt hoger ligt dan dat van de bioscopen alleen, kan men afleiden dat de filmhuisbezoeker ook de bioscoop bepaald niet schuwt (tabel 3.18).

Tabel 3.18 Bezoek aan bioscoop en filmhuis, bevolking van 6 jaar en ouder, 1999-2003 (percentage dat minstens één bezoek bracht in de 12 maanden voorafgaand aan enquête)

	1979	1983	1987	1991	1995	1999	2003
cinema totaal	49	48	45	46	49	54	57
bioscoop	48	47	44	45	48	53	56
filmhuis	5	6	6	6	6	6	9

Bron: SCP (AVO'79-'03)

Na aanvankelijk een lichte mannelijke dominantie vertoond te hebben, is bioscoopbezoek inmiddels een sekseneutrale uitgaansactiviteit geworden (tabel 3.19). Tieners waren gedurende de hele waarnemingsperiode de groep met de grootste proportie bioscoopbezoekers. In 2003 was het jaarbereik van bioscopen onder hen nagenoeg volledig. De groei in de jaren negentig werd vooral bij oudere en jongere leeftijden dan tieners gerealiseerd. Enerzijds steeg het bioscoopbezoek disproportioneel sterk onder 35-64-jarigen, anderzijds tekende zich ook hier de verlaging van de leeftijdsgrens van de commerciële emancipatie af: steeds meer 6-12-jarigen gingen de bioscoop binnen.

Ook al is het appreciëren van het filmaanbod minder voorbehouden aan connaisseurs dan het aanbod van klassieke concertzalen en danstheaters, het publiek van films is naar opleidingsniveau tamelijk scheef verdeeld. Het verschil tussen de proporties bioscoopbezoekers met de laagste en de hoogste opleidingsniveaus, is in de loop der jaren zelfs toegenomen.

Temidden van de verschillende groepen nieuwe Nederlanders nemen de autochtone Nederlanders qua filmbezoek een middenpositie in. Turken en Marokkanen gaan wat minder, Surinamers en Antillianen juist wat meer.

Tabel 3.19 Bezoek aan bioscoop en filmhuis naar sekse, leeftijd, opleidingsniveau[a] en etniciteit, bevolking van 6 jaar en ouder, 1979-2003 (percentage dat minstens één bezoek bracht in de 12 maanden voorafgaand aan enquête)

	1979	1983	1987	1991	1995	1999	2003
bezoek (%)	49	48	45	46	49	54	57
man	51	50	46	47	50	54	57
vrouw	47	46	44	45	48	54	57
6-11 jaar	56	55	43	54	67	72	79
12-19 jaar	82	80	77	80	82	84	90
20-34 jaar	68	68	66	70	69	73	74
35-49 jaar	40	44	41	39	45	53	61
50-64 jaar	21	21	20	20	23	31	35
65-79 jaar	10	10	11	9	9	16	17
≥ 80 jaar	5	3	3	2	2	3	9
lager onderwijs	20	18	15	16	16	21	17
vmbo (lbo/mavo)	45	41	37	34	36	39	39
havo, vwo, mbo	61	57	53	56	57	59	61
hbo, universiteit	65	68	67	68	66	70	73
Nederlands	.	.	.	.	48	53	56
Turks, Marokkaans	.	.	.	.	44	36	49
Surinaams, Antilliaans	.	.	.	.	57	60	65

. Geen gegevens.
a Hoogste voltooide of huidige opleidingsniveau, bevolking van 20 jaar en ouder.

Bron: SCP (AVO '79-'03)

3.6 Conclusie

Het geheel aan ontwikkelingen in de podiumkunsten en cinema overziend, is de conclusie onontkoombaar dat de populaire cultuurvormen sterk in de lift zitten, terwijl de traditionele vormen op een constante belangstelling kunnen bogen. Cabaret, popconcerten, musicals, bioscopen en filmhuizen hebben hun bezoekersaantallen de afgelopen jaren sterk zien stijgen. In de gecanoniseerde cultuur is alleen bij ballet in recente jaren een stijging waarneembaar, terwijl de klassieke muziek sinds medio jaren negentig een flinke veer heeft moeten laten.

De ontwikkelingen naar leeftijd laten zich kenschetsen onder de noemers van zowel veroudering als verjonging. Veroudering is zichtbaar in het gegeven dat bijvoorbeeld de bezoekers van popconcerten de helden uit hun jeugd op latere leeftijd trouw blijven. Verjonging is er echter ook. Zowel in de traditionele als de populaire cultuur stijgen in recente jaren grosso modo de deelnamepercentages onder kinderen en tieners. Kennelijk beginnen de inspanningen van ouders en school (het CKV-onderwijs) aan te slaan.

Naar opleidingsniveau zijn er geen duidelijk divergerende trends. Stijgingen en dalingen worden in de vier onderscheiden groepen over het algemeen gelijkelijk geboekt. Dit impliceert dat (net als bij het culturele erfgoed) de verschillen tussen hoger en lager opgeleiden persisteren. Er is vooralsnog geen zicht op de in het cultuurbeleid beoogde meer evenwichtige spreiding van cultuur onder hoger en minder hoog opgeleide lagen van de bevolking. En onder de hoger opgeleiden groeide vooral de belangstelling voor populaire muziek.

Etnische herkomst brengt zeker in de podiumkunsten waar het gesproken woord centraal staat, maar ook bij muziek, duidelijke scheidslijnen aan het licht. Nederlanders met Surinaamse of Antilliaanse achtergrond tonen een wat lager niveau van deelname aan de podiumkunsten. Bij balletvoorstellingen zijn ze niettemin vaker te vinden dan autochtone Nederlanders, hetgeen ook geldt voor de film. Nederlanders met een Turkse of Marokkaanse achtergrond blijven in den brede achter bij de overige groepen. Een deel van deze achterstand is ongetwijfeld terug te voeren op inkomens- en scholingsverschillen, maar het verschil in culturele nabijheid lijkt evenzeer bepalend.

Dat het meer populaire aanbod aan belangstelling wint, terwijl het traditionele aanbod niet te lijden heeft onder een teruglopend bereik, duidt erop dat het combineren van traditioneel en populair steeds normaler begint te worden. De culturele ontzuiling schrijdt voort. Dit is overigens geen typisch Nederlands verschijnsel. In de internationale literatuur staat de trend dat mensen minder eenkennig worden in het samenstellen van hun culturele repertoires, als 'culturele omnivorisering' te boek (Peterson 1992).

4 Cultuurdeelname thuis

4.1 Cultuur in de huiselijke sfeer

Om van cultuur te genieten hoeft men eigenlijk de deur niet meer uit, zoals al in de inleiding op het vorige hoofdstuk werd opgemerkt. Men kan via tal van media in de eigen huiselijke sfeer kennisnemen van kunst en cultureel erfgoed. Gedrukte media bieden een breed scala aan literaire en historische teksten, alsmede schitterend geïllustreerde boeken over kunst. Moderne geluidsapparatuur maakt het mogelijk thuis (klassieke) muziek van hoge kwaliteit tegen lage prijzen te beluisteren. De televisie en moderne beelddragers maken ook het thuis bekijken van uitvoeringen en van programma's over kunst en erfgoed mogelijk. Tot slot maakt de digitalisering van veel culturele informatie ook het internet tot een belangrijke potentiële toegang tot cultuur.

De noodzaak om voor cultuur de eigen vier muren te verlaten is, door de ontwikkelingen in het media-aanbod, in de loop der jaren alleen maar afgenomen. Het aanbod van cultuur via de media groeide in omvang en verbeterde in kwaliteit. Het aantal literaire titels is almaar blijven groeien, terwijl de kwaliteit van de reproducties in boeken over kunst een hoge vlucht genomen heeft. Vijftig jaar geleden bepaalden kleine boekjes met naar de huidige maatstaven armzalige afbeeldingen het beeld van het kunstboek. In 1954 verscheen het eerste deeltje van de Contact-Kunst-Pockets, 'gecartoneerd met 23 kleurenreproducties en 21 afbeeldingen in zwart-wit', zoals op de omslag niet zonder trots werd vermeld. Dergelijke boekjes, met hun matige reproducties ter grootte van een ansichtkaart, steken schril af bij de fraai uitgegeven boekwerken met even fraaie illustraties die op dit moment tegen een zacht prijsje te koop zijn. Hoewel het doornemen van een kunstboekwerk voor menigeen niet in de schaduw kan staan van de confrontatie met een 'echte' Rembrandt of Van Gogh (laat staan de Sixtijnse kapel), valt er vaak meer te leren van een gedetailleerde schriftelijke uitleg dan van een audiotour in het museum. Ook in de sfeer van de reproducties van geluid en van (bewegend) beeld heeft de techniek een grote sprong gemaakt. Super audio-cd's en dvd's met surround-stereogeluid maken de beleving van klassieke muziek op de eigen sofa nog intenser dan ze al was. En via internet kan de snel groeiende schare breedbandgebruikers gemiste cultuurprogramma's alsnog bekijken en beluisteren.

Media bieden twee soorten toegang tot cultuur. Naast de verspreiding van kunst en erfgoed zelf, zoals in de vorm van literaire boeken en registraties van uit- en opvoeringen, verspreiden media ook informatie over cultuur, via bijvoorbeeld kunstagenda's, recensies en interviews, in gedrukte vorm of als radio- of tv-programma. Internet maakt informatie over voorstellingen en tentoonstellingen met een muisklik oproepbaar (Broekhuizen en Huysmans 2002). De kaartverkoop voor theater, bioscoop en musea verloopt steeds vaker via het digitale loket.

Dit hoofdstuk behandelt beide rollen van de media in relatie tot de culturele belangstelling: als drager van en als informatiebron over hogere cultuur. Eerst wordt ingegaan op het lezen als vorm van cultuurdeelname (§ 4.2), vervolgens komt de rol van uiteenlopende media bij de verspreiding van informatie over kunsten en erfgoed aan bod (§ 4.3). In paragraaf 4.4 worden de bevindingen samengevat.

4.2 Lezen als cultuurdeelname

Is alle lezen cultuurdeelname? De uitgangspunten van diverse onderdelen van overheidsbeleid inzake het lezen zijn op dit moment niet eenduidig. Het letterenbeleid richt zich ondubbelzinnig op de hogere leescultuur in de zin van literatuur. Daarentegen hebben zowel het beleid ter ondersteuning van het boekenvak (via de vaste boekenprijs) als het leesbevorderingsbeleid veeleer het lezen in het algemeen tot doel.

Het letterenbeleid heeft als opdracht 'een bloeiend literair leven in Nederland' te bevorderen (WVC 1988: 6), liefst voor een breed publiek. Voortbordurend op het letterenbeleid ligt het dus niet in de rede iedere vorm van lezen als cultuurdeelname te bestempelen. Hoewel uit de aard der zaak discutabel, is de strengere definitie van cultuurdeelname als het 'hogere' lezen hier opgevat als het lezen van literaire teksten en teksten over kunst en cultuur (voor een verdere discussie over deze afbakening zie Huysmans et al. 2004: 120-121). Daarnaast komt, in het verlengde van het boekenbeleid en leesbevorderingsbeleid, ook het lezen in de vrije tijd in den brede aan de orde.

Daarnaast houdt de overheid ook een oogje in het zeil waar het de pluriformiteit van de pers betreft. Dit toezicht is echter ingegeven door aan het democratisch gedachtegoed ontleende overwegingen van vrije meningsvorming, en niet zozeer door overwegingen betreffende lezen als cultuurdeelname. Pers en persbeleid blijven hier derhalve buiten beschouwing.

Cijfers over het lezen zijn grotendeels uit een andere bron dan het AVO afkomstig, namelijk het Tijdsbestedingsonderzoek (TBO). In dat onderzoek hebben respondenten gedurende een week in oktober, per kwartier hun belangrijkste activiteit geregistreerd. Het vijfjaarlijkse TBO omvat op het moment van schrijven de periode 1975-2000. In deze periode is het lezen in de vrije tijd gedaald van ruim zes uur per week in 1975 naar krap vier uur in 2000. Als aandeel van de vrije tijd liep het lezen terug van 13% naar 9%. Deze afkalving van het lezen is eerder uitgebreid beschreven (recent in Huysmans et al. 2004) en behoeft hier verder geen nadere toelichting.

De vermindering van het lezen is vooral het gevolg van een afname van het aantal lezers per type gedrukte media. Daarmee vergeleken legt de afname van de leestijd van lezers veel minder gewicht in de schaal (tabel 4.1). Zo nam het percentage boekenlezers in een week flink af, maar daalde de leestijd in boeken onder boekenlezers maar licht. Bij tijdschriften en kranten deed zich grosso modo hetzelfde voor. In het algemeen kan dus worden gesteld dat niet zozeer de leestijd van de lezers per type gedrukte media daalde, als wel het aantal lezers.

Tabel 4.1 Wekelijks bereik en de tijdsbesteding door lezers van boeken, tijdschriften en kranten, bevolking van 12 jaar en ouder, 1975-2000 (in procenten en uren per week)

	1975	1980	1985	1990	1995	2000
weekbereik						
boeken	49	48	44	44	38	31
tijdschriften	75	71	69	62	63	53
dag- en nieuwsbladen	84	82	78	74	69	62
leestijd door lezers (in uren per week)						
boeken	3,3	3,3	3,1	3,4	3,2	3,1
tijdschriften	2,0	1,9	1,7	1,7	1,6	1,6
dag- en nieuwsbladen	3,3	3,1	3,2	3,1	3,0	3,0

Bron: SCP (TBO'75-'00)

In bevolkingsonderzoek kan men het publiek niet eerst definities van literaire of anderszins culturele lectuur voorleggen en dan de vraag stellen of men dat type boeken leest. In plaats daarvan is de beoordeling van wat als literair aangemerkt kan worden aan de respondenten overgelaten. Hun is gevraagd of zij in de onderzoeksweek een literair boek hebben gelezen. Op overeenkomstige wijze is gevraagd naar het lezen van kunst/cultuurboeken (tabel 4.2). Behalve over het lezen van literatuur en het lezen over kunst/cultuur bevat de tabel ter vergelijking ook informatie over het lezen van de twee grootste genres vermaakslectuur.

Van de 31% van de bevolking die in 2000 in de dagboekweek in boeken had gelezen, rapporteerde opnieuw 31% (ofwel een kleine 10% van de bevolking) in die week een of meer literaire boeken te hebben gelezen. In 1995 waren er meer boekenlezers (38% van de bevolking), waarvan maar 25% (opnieuw een kleine 10% van de bevolking) zei literatuur gelezen te hebben (tabellen 4.1 en 4.2). Bovenop de dalende proportie boekenlezers daalde onder die lezers ook het bereik van boeken over kunst en cultuur, van 10% van de lezers in 1995 naar 8% in 2000.

Tabel 4.2 Relatieve populariteit boekengenres, boekenlezers van 12 jaar en ouder, 1995 en 2000 (in procenten)

	1995	2000
literair	25	31
kunst/cultuur	10	8
romantisch	30	32
spannend	29	27
overig (o.m. kind/jeugd, hobby, strip, naslagwerk)	41	28
totaal[a]	136	126

a Totalen kunnen hoger uitkomen dan 100, doordat lezers meerdere genres hebben gelezen.

Bron: SCP (TBO'95 en '00)

Onder de kleinere schare boekenlezers dan in 1995 bevond zich in 2000 dus een wat grotere proportie literatuurlezers. Omgekeerd lijkt dat erop te duiden dat literatuurlezers het boek in sterkere mate trouw bleven dan lezers van andere genres boeken (zie Knulst en Van den Broek 2003). Door de trouw van de literaire lezers bleef de literaire leestijd van de bevolking nagenoeg op peil (tabel 4.3): een kwartier per hoofd van de bevolking in een oktoberweek. Boeken lezen in het algemeen en literair lezen in het bijzonder zijn beide meer een liefhebberij van vrouwen dan van mannen.

Tabel 4.3   Tijdsbesteding aan het lezen van boeken algemeen en van literaire boeken, bevolking van 12 jaar en ouder, 1995 en 2000 (in minuten per week)

	boeken lezen		waarvan literatuur	
	1995	2000	1995	2000
totale bevolking	74	57	16	16
man	55	41	12	12
vrouw	93	72	19	20
12-19 jaar	43	38	8	12
20-34 jaar	45	43	12	15
35-49 jaar	81	55	15	13
50-64 jaar	89	62	15	16
65-79 jaara	125	90	31	27
lager onderwijs	61	71	4	6
vmbo (lbo/mavo)	75	50	8	12
havo, vwo, mbo	68	47	16	9
hbo, universiteit	100	79	34	32

a   Te kleine aantallen voor de groep '80 jaar en ouder'.

Bron: SCP (TBO'95 en '00)

Opmerkelijk is de stijging van de tijd die jeugdigen, jongvolwassenen en lager opgeleiden aan literatuur lezen besteden. Hoger opgeleiden besteedden anno 2000 nog wel drie tot vijf keer zoveel tijd aan literaire boeken als lager opgeleiden, maar in 1995 waren de verschillen groter. Onder ouderen werkt de drastische daling in boekenleestijd niet overeenkomstig door in hun aan literatuur gewijde tijd; die laatste daalde (ook relatief) minder sterk. Al met al kan men stellen dat literaire boeken onverminderd in de belangstelling staan en de verschillen in eraan bestede tijd tussen bevolkingsgroepen wat geringer zijn geworden.

De overheid stimuleert het lezen van boeken onder meer door de steun aan bibliotheken. Tegen lage kosten kan iedere Nederlander hier toegang krijgen tot uiteenlopende cultuuruitingen. Overigens zijn bibliotheken allang niet meer uitsluitend op gedrukte media gericht – in de loop der tijd werden ook lp's, cd's en dvd's in het aanbod opgenomen. Bovendien doen deze instellingen zowel fysiek (door het bieden van computers met internetaansluiting) als virtueel (door het bieden van toegankelijke 'portals') steeds vaker dienst als toegangspoort tot de digitale wereldcollectie van het internet.

Hoewel dus steeds meer een informatiecentrum in bredere zin, gaat het hier om de bibliotheek als distributiecentrum van boeken.

In 1979 telde ons land ruim 900 vestigingspunten van openbare bibliotheken, met een gezamenlijke collectie van 30 miljoen boeken. In 1991 waren dat er 1167 met 44,5 miljoen boeken, naast 3 miljoen stuks audiovisuele en overige media (bv. bladmuziek). Daarna daalde het aantal vestigingspunten licht en nam de gezamenlijke collectie weer wat af.

Aantallen leden en uitleningen geven een beeld van het bereik van bibliotheken (tabel 4.4). Tussen 1979 en 1991 groeide het aantal ingeschreven bibliotheekleden van 3,9 miljoen tot 4,4 miljoen, om daarna te stagneren. In 2002 stonden 4,3 miljoen Nederlanders ingeschreven als lid van een openbare bibliotheek. Het daadwerkelijke aantal gebruikers van bibliotheken ligt hoger, doordat meerdere gezinsleden van een lidmaatschap kunnen gebruikmaken. In dezelfde periode steeg het aantal jongeren (tot 18 jaar) dat lid was van 54% in 1979 naar 64% in 1995, om vervolgens te dalen naar 56% in 2002.

Het aantal uitleningen bedroeg in 1979 152 miljoen, in 1991 zelfs 183,5 miljoen. Daarna zakte het aantal uitleningen, in de tweede helft van de jaren negentig zelfs snel, tot het consolideerde rond de 150 miljoen in de eerste jaren van de nieuwe eeuw. Per gebruiker zette de daling in uitleningen al in de eerste helft van de jaren tachtig in. Met name het aantal geleende boeken per gebruiker per jaar slonk. Deze daling werd slechts gedeeltelijk gecompenseerd door de uitlening van andere informatiedragers. Wel namen deze een relatief steeds groter aandeel in. Eind jaren zeventig ging het bij 98% van de uitleningen om boeken, begin jaren negentig bij 93% en in 2002 nog maar bij 84% van de uitleningen (al is dat laatste een voorlopig cijfer; (NBLC a); Vereniging van Openbare Bibliotheken, op aanvraag).

Tabel 4.4 Ingeschreven bibliotheekgebruikers en uitleningen per gebruiker, 1979-2002 (in absolute aantallen en procenten van betreffende leeftijdsgroep)

	1979	1983	1987	1991	1995	1999	2002[a]
ingeschreven bibliotheekgebruikers (x mln)	3,9	4,2	4,2	4,4	4,5	4,2	4,3
jeugd t/m 17 jaar (%)	54	60	63	63	64	56	56
volwassenen (%)	17	18	18	20	20	18	17
uitleningen per gebruiker, waarvan	39,2	43,2	42,6	41,9	39,5	34,9	32,9
boeken	38,3	41,9	40,1	38,8	36,5	31,9	28,8
audiovisuele media	0,8	1,1	1,3	1,7	1,4	1,5	1,5
overig	0,1	0,2	1,2	1,4	1,5	1,5	2,5
uitgeleende boektitels (x 1000)	.	.	.	.	.	243	280

. Geen gegevens.
a Voorlopige gegevens.

Bron: Vereniging van Openbare Bibliotheken, op aanvraag; NBLC (a); CBS, StatLine; CBS (a); SCP-bewerking

Meer mensen lezen boeken uit de bibliotheek dan er als lid staan ingeschreven. Het percentage van de bevolking dat in de twaalf maanden voorafgaand aan het AVO-interview een (of meer) boek(en) uit een openbare bibliotheek leende of liet lenen, was in de loop van de jaren tachtig en negentig nagenoeg constant op een niveau van ruim 40% (tabel 4.5). Dat is ruim 10 procentpunten hoger dan het percentage van de bevolking dat als lid staat ingeschreven, hetgeen erop duidt dat het bibliotheeklidmaatschap niet alleen als persoonlijke uitrusting wordt gezien, maar geregeld ook als de uitrusting van het huishouden. Het lenen van boeken uit de bibliotheek kende een hoogtepunt in de eerste helft van de jaren negentig. Daarna kalfde het gebruik wat af. In 2003 las 38% van de Nederlandse bevolking een of meer bibliotheekboeken.

Vrouwen wisten de bibliotheek door de jaren heen beter te vinden dan mannen, en jongeren beter dan ouderen. Het bereik van geleende boeken groeide in de loop der jaren onder kinderen en 50-64-jarigen, maar vertoonde onder tieners en jongvolwassenen een teruggang – een trend die zich vanaf het midden van de jaren negentig aftekende. Hoewel verschillen in opleiding en inkomen vaak samengaan, en een hoger niveau van lenen zou kunnen worden verwacht onder de minder kapitaalkrachtige lager opgeleiden, maken de hoger opgeleiden meer gebruik van het bibliotheekaanbod. Verhoudingsgewijs is de daling sinds medio jaren negentig in alle groepen even sterk geweest (zo'n 20% minder leners). Naar etniciteit zijn de trends in het bibliotheekbereik opvallend wisselend. Mensen met een Turkse of Marokkaanse achtergrond bezochten de bibliotheek steeds vaker, inmiddels vrijwel in dezelfde mate als autochtone Nederlanders, onder wie het gebruik wat terugliep (Huysmans 2005). Ook onder Surinamers en Antillianen nam het bereik sinds 1999 wat af.

Tabel 4.5 Het (laten) lenen van boeken uit de bibliotheek om deze zelf te lezen, naar sekse, leeftijd, opleidingsniveau,[a] en etniciteit, bevolking van 6 jaar en ouder, 1983-2003 (percentage dat minstens één keer een boek leende in de 12 maanden voorafgaand aan enquête)

	1983	1987	1991	1995	1999	2003
deelname (%)	43	42	43	43	41	38
man	38	37	37	37	34	32
vrouw	47	46	49	50	48	45
6-11 jaar	75	78	82	81	83	81
12-19 jaar	76	72	75	73	68	67
20-34 jaar	38	37	37	35	32	26
35-49 jaar	35	39	40	42	38	36
50-64 jaar	25	26	30	29	30	32
65-79 jaar	27	25	28	30	30	26
≥ 80 jaar	22	25	20	19	23	25
lager onderwijs	19	19	17	19	17	15
vmbo (lbo/mavo)	29	29	31	30	29	24
havo, vwo, mbo	43	43	44	43	38	34
hbo, universiteit	55	55	53	54	45	43
Nederlands	.	.	.	44	42	39
Turks, Marokkaans	.	.	.	30	34	37
Surinaams, Antilliaans	.	.	.	34	35	29

. Geen gegevens.
a Hoogste voltooide of huidige opleidingsniveau, bevolking van 20 jaar en ouder.

Bron: SCP (AVO)

Met betrekking tot de doelstelling van het cultuurbeleid om een jonger en kleurrijker publiek te trekken, geeft het lenen van boeken door jongeren en allochtonen dus een wisselend succes voor de bibliotheken te zien. Kinderen gingen vaker boeken lenen, tieners minder vaak; Turken en Marokkanen gingen vaker boeken lenen, maar leden van andere etnische groepen juist weer minder vaak.

4.3 Cultuur via de media

Belangstellenden van kunst en erfgoed kunnen over een keur aan publicaties beschikken, maar kunnen ook via televisie of radio met interessante (informatie over) cultuur in aanraking komen. Daarnaast is het internet als vindplaats van culturele informatie in opmars.

Gevraagd naar de bron die men gebruikt om zich te informeren over het verleden, noemen respondenten programma's op radio en televisie het meest, gevolgd door de gedrukte media (tabel 4.6). Zeker gezien de relatief korte tijd sinds de introductie ervan, is het internet op weg een belangrijke plaats in de culturele-informatievoorziening in te nemen.

Tabel 4.6 Interesse in het verleden: gebruik van media en ICT over het verleden, bevolking van 6 jaar en ouder, 1995 en 2003 (percentage dat minstens één keer media/ICT raadpleegde in de 12 maanden voorafgaand aan enquête)

	1995	2003
boeken, tijdschriften	48	46
radio-, televisieprogramma's	.	63
websites musea	.	15
websites monumenten, archeologie, archieven	.	9
informatie gezocht op internet	.	12
contact met anderen via internet	.	4

. Geen gegevens.

Bron: SCP (AVO'95 en '03)

Radio en televisie vormen de belangrijkste schakel tussen cultuur en het grote publiek. Een deel van het culturele aanbod wordt via radio en televisie verspreid. Daarnaast zijn er programma's waarin op beschouwende en attenderende wijze wordt ingegaan op het cultuuraanbod. De publieke omroep als geheel heeft de wettelijke taak 25% van de zendtijd te besteden aan cultuur, waarvan 12,5% aan kunst. Voor de omroep Nederlandse Programma Stichting (NPS) zijn die percentages respectievelijk 40 en 20%. Wat precies onder kunst en cultuur valt, is vastgelegd in de zogenaamde MJB-indeling (TK 2001/2002). Deze indeling bevat uitgewerkte regels voor het toekennen van de predikaten 'cultuur' en 'kunst' aan programma's. Zo kan een programma vanwege de inhoud (onder andere kunst en media, levensbeschouwing en religie, geschiedenis en archeologie, kerkdienst) tot cultuur en/of kunst worden gerekend, maar ook vanwege de vorm (documentaire, al dan niet 'kunstzinnig'). De Visitatiecommissie landelijke publieke omroep (2004: 77) constateert dat de omroepen in 2001 en 2002 aan hun wettelijke eisen hebben voldaan (de NPS zelfs ruimschoots), maar spreekt zich toch uit voor de ontwikkeling van een 'meer helder en transparant instrument', aangezien de indeling nogal eens tot discussies leidt.

Via de radio en televisie komen veel meer mensen in aanraking met kunst dan door het bezoek aan theaters, musea, galeries en dergelijke. In dit licht bezien zijn de massamedia de kunstspreiders bij uitstek (zie Knulst 1989; De Haan en Knulst 2000). Toch bereikt kunst ook langs elektronische weg slechts een minderheid van de bevolking. Vrijwel iedereen kijkt televisie, maar het jaarbereik van kunstprogramma's blijft onder de 40% steken (tabel 4.7). Een op de tien Nederlanders kijkt of luistert regelmatig, dat wil zeggen een keer per week of vaker naar kunstprogramma's.

Tabel 4.7 Frequentie van het kijken en/of luisteren naar programma's over kunst op radio en televisie, bevolking van 6 jaar en ouder, 1983-2003 (in procenten)

	1983	1987	1991	1995	1999	2003
niet	61	55	57	61	65	62
minder dan 1x per maand	13	14	13	9	8	12
1-3 keer per maand	16	19	18	15	14	16
1 keer per week of vaker	10	11	12	15	13	10

Bron: SCP (AVO'83-'03)

In 2003 waren daarbij programma's over film favoriet (33%), gevolgd door die over theater (25%), architectuur (25%), literatuur (24%) en beeldende kunst (23%), cijfers waarin sinds de eerste peiling medio jaren negentig weinig veranderingen optraden (tabel 4.8). In het licht van een totaalbereik van 38% duiden deze relatief hoge percentages (tezamen 130%) op een aanzienlijke overlap tussen het kijkerspubliek van de verschillende typen kunstprogramma's.

Tabel 4.8 Frequentie van het kijken en/of luisteren naar programma's over kunst op radio en televisie, naar kunstvorm, bevolking van 6 jaar en ouder, 1995-2003 (percentage dat minstens één keer keek of luisterde in de 12 maanden voorafgaand aan enquête)

	1995	1999	2003
beeldende kunst	21	21	23
architectuur	22	22	25
theater	23	22	25
boeken	23	21	24
film	34	29	33

Bron: SCP (AVO'95-'03)

Inclusief de programma's over klassieke muziek – met een bereik van 29% – wordt de helft van de bevolking vanaf 12 jaar minstens eens per jaar bereikt door kunstprogramma's op radio en televisie. De andere helft bekijkt of beluistert eigenlijk nooit programma's over beeldende kunst, architectuur, theater, literatuur, cinema of klassieke muziek. In totaal komen ongeveer 6,9 miljoen mensen wel eens met kunst op televisie of radio in aanraking, van wie 2,6 miljoen mensen wekelijks met ten minste een van de zes genres, nog eens 2,5 miljoen minstens eenmaal per maand en 1,8 miljoen incidenteel.

Klassieke muziek kan bogen op een wekelijks luisterpubliek van 11% van de Nederlanders, veel meer dan de andere kunstvormen, met elk een weekbereik van 1% of 2%. Overigens is het luisteren naar klassieke muziek uit de eigen klassieke collectie van cd's en andere geluiddragers, met een weekbereik van 22%, nog populairder.

Kunst mag in Nederland vooral op belangstelling van het oudere en hoger opgeleide deel van de bevolking rekenen. Geldt dit ook voor het volgen van kunst op radio en televisie? Of dragen de massamedia juist bij aan de democratisering van de kunsten? Om dit te kunnen beoordelen, is de gesommeerde maat van kijken en luisteren naar kunstprogramma's – 50% van de bevolking bekijkt of beluistert jaarlijks ten minste een keer een kunstprogramma – uitgesplitst naar enkele achtergrondkenmerken (tabel 4.9).

De democratiseringsthese blijkt niet houdbaar. Ook het bereik van de kunsten via de massamedia weerspiegelt de eerder gevonden verschillen in de belangstelling voor kunst. Ouderen en hoger opgeleiden volgen vaker programma's over kunst op radio en televisie dan jongeren respectievelijk lager opgeleiden. Ook hier tonen vrouwen meer belangstelling dan mannen, maar dit verschil is gering.

Tabel 4.9 Het volgen van programma's over kunst op radio en televisie, naar sekse, leeftijd en opleidingsniveau,[a] bevolking van 6 jaar en ouder, 2003 (in procenten)

	nooit	< 1x per maand	1-3 x per maand	1 of meer x per week
totaal	53	12	17	18
man	55	11	16	17
vrouw	51	13	18	19
6-11 jaar	85	4	5	6
12-19 jaar	71	6	11	12
20-34 jaar	56	13	17	13
35-49 jaar	50	15	20	15
50-64 jaar	39	14	21	26
65-79 jaar	41	11	16	32
≥ 80 jaar	39	10	20	31
lager onderwijs	73	6	9	12
vmbo (lbo/mavo)	59	10	14	17
havo, vwo, mbo	48	14	19	18
hbo, universiteit	29	19	28	24
Nederlands	53	12	17	17
Turks, Marokkaans	65	4	9	22
Surinaams, Antilliaans	61	10	10	19

a Hoogste gevolgde of huidige opleidingsniveau, bevolking van 20 jaar en ouder.

Bron: SCP (AVO'03)

Tussen 1965 en 1990 groeide in de landelijke dagbladen de belangstelling voor cultuur mee met de omvang van de kranten zelf. Deze groei ging echter gepaard met een accentverschuiving ten nadele van de gecanoniseerde kunstvormen. Er werden vooral meer artikelen gewijd aan literatuur, dans, film en popmuziek. De redactionele interesse voor toneel en klassieke muziek kon geen gelijke tred houden met de groei van de kranten als geheel (Janssen 1996). Deze verschuiving in de richting van populaire genres lijkt achteraf een voorproefje van wat in de jaren negentig zou volgen, namelijk dat de aandacht in kranten voor beeldende kunst, podiumkunsten en boeken ging afnemen. Het maandelijks aantal recensies over beeldende kunst en podiumkunsten in Algemeen Dagblad, de Volkskrant, NRC Handelsblad, Het Parool en Trouw daalde tussen 1991 en 2001 van ruim 350 tot 250 (Stuivenberg 2002). Vooral het AD, Het Parool en Trouw schudden hun culturele veren af, NRC Handelsblad en de Volkskrant wisten het aantal recensies op niveau te houden. Over cultuur in tijdschriften zijn geen gegevens bekend, evenmin over de advertentieruimte voor cultuuruitingen in kranten en tijdschriften of over de mate waarin artikelen en advertenties over cultuuruitingen gelezen worden.

Tabel 4.10 Dagbladen en tijdschriften als informatiebron over kunst en cultuur, bevolking van 12 jaar en ouder, 1995 en 2000 (in procenten)

	1995	2000
totaal	42	42
dagbladen	36	35
opinietijdschriften	5	4
overige bladen en tijdschriften	12	11

Bron: SCP (TBO '95 en '00)

De artikelen in dagbladen en tijdschriften vormen een belangrijke bron van informatie over 'kunst en cultuur'. Die informerende rol vervullen deze gedrukte media voor ruim 40% van de bevolking (tabel 4.10). De opmars van internet als culturele informatiebron veranderde hieraan tussen 1995 en 2000 (nog) niets. Binnen deze media zijn de dagbladen veruit de meest geraadpleegde informatiebron over 'kunst en cultuur'. Dat geldt niet alleen voor de bevolking als geheel, maar ook voor de daadwerkelijke bezoekers van musea en podia (De Haan en Huysmans 2002: 127).

Het ligt in de rede te veronderstellen dat hierin sinds 2000, de voorlopig laatste meting van de tijdsbesteding, enige verandering is opgetreden. Ten eerste heeft de verspreiding van internet in huishoudens doorgezet. In het laatste kwartaal van 2003 had 71% van de Nederlanders vanaf 6 jaar de beschikking over internet thuis. Bijna de helft van hen – 31% van de bevolking – beschikte over een breedbandaansluiting (kabel of ADSL). Met name onder die laatste groep is de mogelijkheid om, zoals dat heet, 'culturele content te downloaden' aanzienlijk. Of het nu gaat om MP3's van obscure death metal bands, de Internet Movie Database, de Digitale Bibliotheek der Nederlandse Letteren, een virtuele tour door een kunstgalerie in New York of de bezoekinformatie van het plaatselijke museum: het is allemaal binnen muisbereik.

Het digitale aanbod van culturele instellingen is, onder invloed van diverse beleidsmaatregelen, sinds enkele jaren sterk groeiende. Niet alleen worden collecties van musea en archieven digitaal ontsloten, ook wordt eraan gewerkt deze op elkaar af te stemmen, met als uiteindelijk doel ze virtueel te integreren. Zo kunnen genealogen via de site van het Nationaal Archief, door het invullen van een paar zoektermen, nagaan in welke archieven in Nederland zich de voor hen interessante documenten bevinden, en kunnen niet zelden kopieën daarvan digitaal worden aangevraagd. Gezien deze ontwikkelingen is het niet gewaagd te voorspellen dat het internet als bron van cultuur en informatie over cultuur bij de eerstvolgende meting een prominentere plaats zal innemen dan in 2000. Voorwaarde daarvoor is wel dat bij de gebruikers de vaardigheid bestaat met het enorme aanbod om te gaan. Niet alleen is het van belang de goede combinatie van zoektermen te hanteren bij het 'googlen', ook moet men weten waar de interessante portals te vinden zijn. Dit gaat met vallen en opstaan. Om onnodig vallen te voorkomen, wordt daarom door culturele instellingen danig geïnvesteerd in de ontwikkeling van gebruikersvriendelijke portals.

4.4 Conclusie

Media, en in recente jaren ook het internet, zijn voor velen een toegangspoort tot cultuur. Veel meer mensen komen met kunst en cultuur in aanraking via de media dan door een daadwerkelijk bezoek. De vraag of het voor groepen in de samenleving ook een alternatief is voor een bezoek, kan op grond van de hier gepresenteerde analyses niet definitief worden beantwoord. Duidelijk is wel dat veel restricties voor cultuurbezoek (prijs, afstand, tijd, organisatie, toegankelijkheid) bij mediagebruik wegvallen. De publieke omroep dient op grond van de Mediawet zendtijd aan kunst en cultuur te besteden. Er is een stelsel van openbare bibliotheken waar iedereen gratis kan binnenlopen en tegen een geringe vergoeding media kan lenen (ook bladmuziek en cd's). Op het internet komt steeds meer erfgoed en kunst digitaal beschikbaar, voor wie het weet te vinden in het gigantische informatieaanbod aldaar. Met overheidsgeld zijn en worden momenteel toegankelijke cultuurportals ontwikkeld.

Het lezen in het algemeen – al dan niet als cultuurdeelname aangemerkt – heeft flink aan belang ingeboet. Dat geldt voor zowel boeken als kranten en tijdschriften. Niet zozeer de leestijd per lezer is gedaald, als wel het aantal lezers. Met name onder jongere generaties is het ter hand nemen van lectuur niet langer vanzelfsprekend. In de uitleencijfers van de openbare bibliotheken is die trend sinds midden jaren negentig ook merkbaar. Het lezen van literatuur blijkt evenwel, binnen een dalende boekenleestijd in de periode 1995-2000, constant te zijn gebleven.

De opleidingsverschillen bij het lenen van bibliotheekboeken en het volgen van kunstprogramma's op radio en televisie, duiden erop dat de media niet door de lagere statusgroepen gebruikt worden om hun geringere cultuurdeelname te compenseren. Integendeel, er tekenen zich dezelfde verschillen af als bij het daadwerkelijke cultuurbezoek: hoger opgeleiden gebruiken de media vaker voor culturele doelen dan lager opgeleiden, hoewel Turken en Marokkanen hun achterstand in het bibliotheekgebruik hebben ingelopen.

Vrouwen zijn grotere boekenlezers dan mannen. Ook tijdschriften worden meer door vrouwen dan mannen gelezen, terwijl de dagbladen weer vooral bij mannen in trek zijn. Reeds in de vorige hoofdstukken kwam naar voren dat vrouwen een wat sterkere culturele belangstelling hebben bij de meeste vormen van cultuurdeelname. Hier komt dat tot uiting bij het bekijken en beluisteren van programma's over kunst en cultuur op televisie en radio.

Gegeven het feit dat vrijwel iedereen in de thuissituatie de beschikking heeft over radio en televisie, dat zeven van de tien Nederlanders een internetaansluiting hebben en dat men in de bibliotheek tegen geringe kosten boeken en andere media kan lenen, zijn de media van evident belang voor de beleidsdoelstelling om het cultuurbereik evenwichtig spreiden. Dat desondanks grote groepen ervoor kiezen om het door de overheid bevorderde cultuuraanbod te laten voor wat het is, geeft aan dat het stimuleren van het cultuurbereik door het vergroten van het cultuuraanbod op grenzen stuit.

5 Amateurkunst

5.1 Vele oude kunstvakken en een nieuw

Ontwikkelingen in amateurkunstbeoefening
Een flink deel van de bevolking is zelf in de vrije tijd als amateur op kunstzinnig terrein actief. Het betreft beoefenaren in alle gradaties van beginner tot gevorderde. Daarbij onderscheiden we hier de volgende clusters van kunstvakken:
- tekenen, schilderen en grafisch werk
- beeldhouwen, boetseren, pottenbakken en sieraden maken
- werken met textiel (textiele werkvormen), wandkleden maken, weven
- zingen
- bespelen van een muziekinstrument
- toneel, mime, volksdans, ballet (ook jazz- en beatballet)
- fotografie, film, video (met uitzondering van vakantiekiekjes en -filmpjes).

Om ontwikkelingen in de amateurkunst in kaart te kunnen brengen, is het nodig om door de tijd de bevolking op steeds dezelfde manier over haar activiteiten te ondervragen. Maar kunstvakken zijn zelf aan verandering onderhevig. Met de opmars van digitale technologie is bijvoorbeeld de fotografie veranderd. Niet langer hoeft in donkere kamers in bakken chemicaliën het resultaat van de hobby ontwikkeld te worden. Op het computerscherm zijn digitale foto's tegenwoordig gemakkelijk op te roepen en te bewerken. Ook andere kunstvakken hebben in de loop van de tijd in meerdere of mindere mate verandering ondergaan. Zo is het maken van populaire muziek door de komst van computertechnologie danig veranderd: voor weinig geld kunnen amateurmuzikanten apparatuur op de kop tikken die hen als professionals doet klinken.

Over veranderingen als deze kunnen met de beschikbare gegevens helaas geen uitspraken worden gedaan. Er zijn echter ook geheel nieuwe vakken ontstaan. Daar is de vragenlijst wel enigszins op aangepast. Zo is in 2003 de vraag naar grafisch ontwerpen met de pc geïntroduceerd, om de groeiende schare (amateur) webdesigners in beeld te kunnen brengen.

Daadwerkelijke ontwikkelingen versus meetartefacten
Door de tijd heen de manier van bevragen constant te houden, betekent niet alleen dat de letterlijke vraagformulering door de tijd onveranderd blijft, maar ook dat de vragenlijst op dezelfde manier is vormgegeven. In de reeks AVO-onderzoeken is in de vormgeving echter wel eens een verandering aangebracht, bijvoorbeeld om de overzichtelijkheid of het gemak van het invullen van de vragenlijst te verbeteren. Zo is in de meting van 1995 de lay-out van de vragenlijst veranderd, om de overzichtelijkheid voor de respondent te vergroten. Opmerkelijk genoeg lag in dat meetjaar het gemeten bereik van de amateurkunst een behoorlijk stuk lager dan in voorgaande jaren. Dit

doet vermoeden dat het een met het ander verband houdt en dat er eerder sprake is van een meetartefact dan van een werkelijke daling in het bereik. Nader onderzoek kon dat vermoeden niet wegnemen, maar ook niet bevestigen (Burhenne en Van der Leest 1997).

De vernieuwde lay-out is sinds 1995 gehandhaafd. Een stabiele reeks deelnamecijfers vanaf 1995 zou de veronderstelling van het lay-outeffect ondersteunen. Inderdaad lijken de cijfers het bestaan van dat effect te ondersteunen. Gemiddeld ligt het aantal deelnemers namelijk op een lager niveau dan voorheen.

Er zijn sindsdien echter ook sterke fluctuaties geregistreerd in de deelnamecijfers van afzonderlijke vakken. Dit weerspreekt het eenvoudige idee van een trendbreuk. Het is onwaarschijnlijk dat zulke fluctuaties het resultaat zijn van een grillige in- en uitstroom van actieve beoefenaren van kunstvakken. Maar het is moeilijk aan te geven welke meting het aantal beoefenaren het best in kaart brengt. Soms lijkt het erop dat 1991 en 1999 de afwijkende metingen zijn, omdat in die jaren circa 10% van de respondenten het hele blok met vragen over amateurkunst niet heeft ingevuld. Dit leidt tot hogere niveaus voor die jaren. In 1995 en 2003 ligt het aantal ontbrekende waarden voor deze vragen veel lager. Maar zelfs als alle personen die de vragen niet hebben beantwoord tot de niet-beoefenaren gerekend worden, blijft 1991 een piekjaar en blijven 1995 en 2003 de dieptepunten. Na een eerste verkenning blijven nog vele vragen over vragenlijsteffecten onbeantwoord. Er is hier voor gekozen om alle beschikbare informatie te tonen. Vermoedelijk ligt de waarheid van de participatiecijfers ergens in het midden.

In dit hoofdstuk komt de omvang van de gehele groep deelnemers aan amateurkunst aan de orde, alsook hoe die groep is samengesteld en in welke mate deze georganiseerd is (§ 5.2). Vervolgens wordt nader ingegaan op de beoefenaars van beeldende kunst (§ 5.3), muziek (§ 5.4) en theater (§ 5.5). Tot slot worden in paragraaf 5.6 de belangrijkste bevindingen op een rijtje gezet.

5.2 Meer of minder amateurs?

Begin jaren negentig kwam de bevinding dat bijna de helft van de bevolking als amateur op cultureel terrein actief was, als een aangename verrassing voor het cultuurbeleid (Van Beek en Knulst 1991). De 'kunstzinnige burger' werd onmiddellijk het troetelkind van beleidsmakers. In 1991 antwoordde zelfs 51% bevestigend op de vraag of zij kunstvakken beoefenen (tabel 5.1); in 1995 was dat echter nog maar 38%. Zoals gezegd, bestaat het vermoeden dat deze scherpe breuk voor een deel door de veranderde vragenlijst is veroorzaakt. Sindsdien is de omvang van de groep beoefenaren weer geleidelijk gestegen. In 2003 rapporteerde 44% van de bevolking als amateur actief te zijn.

Die geleidelijke stijging in de jaren negentig komt voornamelijk voor rekening van de beeldende vakken (hier nog zonder grafisch ontwerpen via een pc). Aangezien in de beeldende kunst de meeste amateurs actief zijn, beïnvloedt hun deelname in sterke mate de trend van het totale bereik. De deelname aan muziek- en theatervakken schommelde echter sterk. Deze schommelingen weerspreken het idee van een eenvoudige trendbreuk in 1995 door een veranderde vragenlijst. Als de lijst inderdaad de oorzaak zou zijn, dan zouden ook bij de afzonderlijke vakken lagere waarden gemeten moeten worden vanaf 1995. De relatief hoge deelnamepercentages aan muziekvakken in 1991 en 1999 doen echter vermoeden dat er in die jaren (nog) iets anders aan de hand was. We wezen al op de 10% respondenten die in die jaren de vragen over amateurkunst niet hebben ingevuld. Daar staat weer tegenover dat het aantal beoefenaren van theatervakken in die jaren juist goed aansluit bij eerdere metingen, namelijk die uit 1983 en 1987, toen eveneens 8% van de Nederlandse bevolking te kennen gaf op deze wijze actief te zijn (tabel 5.1).

De gegevens uit 1979 blijven hier buiten beschouwing, omdat de vragen over amateurkunst in dat jaar gerubriceerd waren onder de kop 'muziekscholen en creativiteitscentra' en in latere jaren onder de kop 'culturele activiteiten'. Het eerstgenoemde kopje heeft waarschijnlijk minder mensen aangesproken. In ieder geval hebben dat jaar veel minder mensen amateurkunstbeoefening gerapporteerd dan in 1983 en later (zie Van Beek en Knulst 1991: 20).

In 2003 lag het gemiddelde aantal beoefende vakken per amateur lager dan in voorgaande jaren. Blijkbaar werd het moeilijker om de beoefening van verschillen vakken te combineren. Onder de gehele bevolking combineerde 13% twee of drie vakken uit de verschillende categorieën beeldende kunst, muziek en theater. Niet alle combinaties van vakken komen daarbij even vaak voor. Aangezien de beeldende vakken relatief populair zijn (het grootste aantal participanten), wordt dit soort vakken ook relatief vaak beoefend door amateurs die ook op ander terrein actief zijn. Onder theaterliefhebbers doet 60% eveneens aan beeldende kunst en 48% aan muziek. Van de deelnemers aan muziekvakken doet 53% ook aan beeldende kunst en 10% aan een theateractiviteit. Van degenen die een beeldend vak beoefenen, is 32% ook actief op muzikaal vlak en doet 8% ook aan theater.

Tabel 5.1 Actieve deelname aan kunstzinnige activiteiten[a] in de afgelopen 12 maanden, bevolking van 6 jaar en ouder, 1983-2003 (in procenten)

	1983	1987	1991	1995	1999	2003
ten minste een kunstvak (%), waarvan:	48	47	51	38	42	44
beeldende-kunstvak	37	36	40	27	30	32
muziekvak	22	22	28	21	26	21
theatervak	8	8	8	5	8	5
aantal beoefende activiteiten	0,9	0,9	0,9	0,7	0,8	0,7
idem, per beoefenaar	1,8	1,8	2,0	1,8	2,1	1,6

a Ten minste een van de in dit hoofdstuk behandelde activiteiten, met uitzondering van grafisch ontwerpen op de pc.

Bron: SCP (AVO '83-'03)

De cijfers in tabel 5.1 hebben betrekking op de bevolking als geheel. Om de verschillen in deelname tussen verschillende bevolkingsgroepen in kaart te brengen, zijn in tabel 5.2 deze deelnamecijfers uitgesplitst naar achtergrondkenmerken. Anders dan in voorgaande hoofdstukken zijn de cijfers eerst geïndexeerd, waarbij het gemiddelde van het betreffende jaar op 100 is gesteld. Dit heeft als voordeel dat de besproken schommelingen tussen de jaren worden geneutraliseerd. Bovendien laten de indexcijfers zich lezen als procentuele afwijkingen van het gemiddelde van dat jaar. Een indexcijfer van 115 voor vrouwen geeft bijvoorbeeld aan dat de deelname van vrouwen 15% hoger ligt dan die van de bevolking als geheel. Door deze cijferweergave kan de aandacht beter worden gericht op ontwikkelingen in de verschillen tussen de onderscheiden bevolkingsgroepen. Wie geïnteresseerd is in de deelnamepercentages zelf, raadplege de tabellen B5.1 tot en met B5.4 in de bijlage bij dit hoofdstuk.

Veelal aangespoord door goedbedoelende ouders is amateurkunst vooral een activiteit van jongeren. Ook de basisschool en het voortgezet onderwijs dragen door kunsteducatie een steentje bij. Daardoor is vooral de jeugd tot 18 jaar actief op kunstzinnig terrein (tabel 5.2). Sinds het midden van de jaren negentig is de stijging in de deelname echter vooral zichtbaar bij de personen van 35 jaar en ouder. De kunstzinnige burger wordt ouder (De Haan en Knulst 1998).

Tabel 5.2   Actieve deelname aan kunstzinnige activiteiten[a] in de afgelopen 12 maanden, naar sekse, leeftijd, opleidingsniveau[b] en etniciteit, bevolking van 6 jaar en ouder, 1983-2003 (index: bevolkingsgemiddelde in betreffende jaar = 100)

	1983	1987	1991	1995	1999	2003
deelname	100	100	100	100	100	100
man	86	85	85	82	86	84
vrouw	114	115	115	118	113	115
6-11 jaar	119	138	143	157	151	146
12-19 jaar	129	129	131	146	148	123
20-34 jaar	119	116	109	99	98	92
35-49 jaar	87	91	91	90	86	95
50-64 jaar	80	77	79	80	84	97
65-79 jaar	64	65	74	72	83	87
≥ 80 jaar	51	44	49	53	56	62
lager onderwijs	62	58	61	56	60	64
vmbo (lbo/mavo)	90	87	85	74	75	77
havo, vwo, mbo	115	112	108	100	97	97
hbo, universiteit	135	126	118	131	114	122
Nederlands	.	.	.	100	100	100
Turks, Marokkaans	.	.	.	78	69	72
Surinaams, Antilliaans	.	.	.	92	93	91

. Geen gegevens.

Bron: SCP (AVO '83-'03)

De participatieverschillen tussen de seksen zijn hier groter dan bij de receptieve culturele belangstelling (zie de cijfers in de hoofdstukken 2, 3 en 4), maar zijn opnieuw in het voordeel van de vrouwen. De verschillen naar opleidingsniveau zijn kleiner dan bij de receptieve belangstelling, maar ook hier zijn de hoger opgeleiden vaker actief. De verschillen tussen de autochtone en de Surinaamse en Antilliaanse bevolkingsgroepen zijn klein. Alleen mensen van Turkse en Marokkaanse origine blijven qua actieve deelname achter. Hun achterstand is in de afgelopen jaren niet geslonken.

Het volgen van cursussen en het lidmaatschap van verenigingen
Aan degenen die te kennen gaven een bepaald vak te beoefenen, is vervolgens gevraagd of zij er les in kregen. Daarbij is gevraagd naar lessen in instellingen, zoals muziekscholen of creativiteitscentra, en naar lessen elders. Eveneens is gevraagd of zij voor het beoefenen ervan bij een vereniging, club, gezelschap of andere organisatie waren aangesloten. De antwoorden hierop geven een indicatie van de mate van inzet waarmee men met de beoefening bezig is. Degenen die lessen nemen of zich bij enig verband hebben aangesloten, zo mag aangenomen worden, tonen ambitie om hun vaardigheid onder leiding van vakmensen te verhogen, dan wel in samenspel met anderen de beoefening bij te houden en tot gemeenschappelijke prestaties te komen. Men mag aan die indicaties echter niet te veel conclusies verbinden. Naar cursussen of lidmaatschappen in een eerdere levensfase, zoals bij amateurs van oudere leeftijd, is in dit onderzoek niet gevraagd.

Om zicht te krijgen op de omvang van de groep meer toegewijde beoefenaren, is in tabel 5.3 informatie opgenomen over het percentage beoefenaren van amateurkunst dat lessen volgt in de genoemde discipline en over het percentage van die beoefenaren dat lid is van een vereniging. De participatiecijfers zijn uitgedrukt in percentages van zowel de bevolking als geheel als van de groep beoefenaren per vak.

Tabel 5.3 Actieve deelname aan kunstzinnige activiteiten[a] in de afgelopen 12 maanden: les in of buiten een instelling en verenigingslidmaatschap, beoefenaren van 6 jaar en ouder, 1983-2003 (in procenten)

	1983	1987	1991	1995	1999	2003
les in instelling						
in % van de bevolking	12	11	13	11	11	10
in % van de beoefenaren	25	25	26	29	29	24
aantal lesactiviteiten van lesvolgenden (in instelling)	1,23	1,21	1,24	1,20	1,20	1,16
les buiten instelling						
in % van de bevolking	12	16	13	13	13	12
in % van de beoefenaren	26	34	35	35	30	29
aantal lesactiviteiten van lesvolgenden (buiten instelling)	1,34	1,35	1,22	1,33	1,19	1,29
verenigingslid						
in % van de bevolking	11	12	14	10	11	12
in % van de beoefenaren	24	26	30	30	30	29
aantal lidmaatschappen van verenigingsleden	1,23	1,22	1,22	1,15	1,13	1,16

a Ten minste een van de in dit hoofdstuk behandelde activiteiten, met uitzondering van grafisch ontwerpen op de pc.

Bron: SCP (AVO'83-'03)

In 2003 kreeg 10% van de bevolking les in een instelling en 12% daarbuiten. De cijfers over het volgen van lessen liggen iets lager dan in voorgaande jaren, maar over het geheel genomen kan geconcludeerd worden dat het aandeel redelijk constant is.

Uitgedrukt als percentage van de beoefenaren zijn er wel enige schommelingen waarneembaar, aangezien het aantal participanten in onderzochte periode niet constant was. Ongeveer een kwart van alle beoefenaren volgt les in een instelling en drie van de tien amateurs krijgen les buiten een instelling. Deze cijfers liggen wat lager dan in voorgaande meetjaren.

Ondanks verhalen over een teloorgang van de *civil society* (Putnam 2000), die nogal eens gebaseerd zijn op gegevens over participatie in het verenigingsleven, is het aandeel van de bevolking dat lid is van een vereniging voor amateurkunst redelijk constant, op ongeveer 12%. Ongeveer drie op de tien amateurs is lid van een vereniging.

De gegevens over het volgen van lessen kunnen vergeleken worden met de cijfers van het aantal inschrijvingen zoals dat bij de kunsteducatieve instellingen zelf geregistreerd wordt. De inschrijvingsgegevens wijzen echter niet op een daling. Integendeel, in de periode 1993-2001 is het aantal inschrijvingen met 6% gestegen. Deze stijging kan niet aan een groei van het aanbod worden toegeschreven: in dezelfde periode daalde het aantal cultuureducatieve instellingen van 262 in 1990 naar 235 in 2001. Het gemiddelde aantal leerlingen/cursisten per instelling nam in dezelfde periode toe, van 1489 naar 1754 (statline.cbs.nl, geraadpleegd december 2004).

5.3 Beeldende kunst

Tot de beeldende kunst zijn hier niet alleen tekenen, schilderen en beeldhouwen gerekend, maar ook de meer toegepaste vakken als werken met textiel en fotografie/film/video. Bij de laatstgenoemde activiteiten zijn de 'vakantie- en familiekiekjes/filmpjes' uitgesloten. Tabel 5.4 toont de ontwikkeling in de deelname aan elk van deze beeldende-kunstvakken. In 2003 is voor het eerst gevraagd naar grafisch ontwerpen met de pc.

Tabel 5.4 Actieve deelname aan beeldende-kunstactiviteiten in de afgelopen 12 maanden, bevolking van 6 jaar en ouder, 1983-2003 (in procenten)

	1983	1987	1991	1995	1999	2003
tekenen, schilderen, grafisch	17	18	22	17	21	15
grafisch ontwerpen op de pc	.	.	.	.	.	7
beeldhouwen, boetseren, pottenbakken, sieraden maken	6	5	7	5	7	5
werken met textiel, weven, wandkleden maken	17	15	15	8	10	12
fotograferen, filmen (ook video)	13	13	14	7	10	10
ten minste een van deze activiteiten[a] (%)	37	36	40	27	30	32
aantal beoefende activiteiten a	0,5	0,5	0,5	0,4	0,4	0,4
idem, per deelnemer	1,4	1,4	1,5	1,4	1,6	1,3

. Geen gegevens.
a Excl. grafisch ontwerpen op de pc.

Bron: SCP (AVO '83-'03)

Tekenen, schilderen en grafisch werk is al lange tijd de kunstzinnige liefhebberij met de meeste participanten (zie tabellen 5.4, 5.7 en 5.10). In 2003 lag het aandeel van de bevolking dat op deze wijze actief was, lager dan in voorgaande meetjaren. Mogelijk houdt dit verband met de opkomst van nieuwe kunstvakken. Jongeren leren tegenwoordig al op jonge leeftijd en vaak spelenderwijs met computers omgaan. Het is dus niet verwonderlijk dat een deel van de creatieve expressie langs digitale weg vorm krijgt. Grafisch ontwerpen met de pc werd in 2003 al door 7% van de bevolking beoefend. Neemt men in 2003 het 'analoge' en het 'digitale' grafisch bezig zijn samen, dan resulteert een percentage van 19, nog altijd kleiner dan in 1999.

De toegepaste vakken textiele werkvormen en fotografie/film/video moesten begin jaren negentig veel terrein prijsgeven. Sinds 1995 is het aantal belangstellenden weer gegroeid. Met 12% respectievelijk 10% liggen deze vakken nog niet op het niveau van 1991 en de jaren daarvoor, maar ze komen wel weer in de buurt.

Onder de beeldende vakken vormen beeldhouwen, boetseren, pottenbakken en sieraden maken de categorie met het geringste aantal deelnemers. Maar met een bereik schommelend tussen 5% en 7% heeft het wel een constante aanhang.

In tabel 5.5 is het bereik van de beeldende kunstvakken uitgesplitst naar achtergrondkenmerken. Aangezien beeldende kunst meer deelnemers kent dan muziek of theater, drukt beeldende kunst een sterker stempel op de samenstelling van de gehele groep amateurs dan de twee andere clusters. Het is dan ook niet verwonderlijk dat het profiel van de amateurs die aan beeldende kunst doen, sterk lijkt op dat van de gehele groep. Ook hier zijn vooral de jongeren actief, en de stijging in de deelname komt eveneens vooral door personen van 35 jaar en ouder. Eveneens zijn vrouwen, hoger opgeleiden en autochtonen oververtegenwoordigd.

Tabel 5.5 Actieve deelname aan ten minste een beeldende kunstactiviteit,[a] naar sekse, leeftijd, opleidingsniveau[b] en etniciteit, bevolking van 6 jaar en ouder, 1983-2003 (index: bevolkingsgemiddelde in betreffende jaar = 100)

	1983	1987	1991	1995	1999	2003
deelname	100	100	100	100	100	100
man	83	82	81	76	83	77
vrouw	117	117	119	123	117	123
6-11 jaar	111	144	158	178	176	156
12-19 jaar	132	133	137	161	159	113
20-34 jaar	125	121	110	100	97	92
35-49 jaar	83	87	88	86	79	97
50-64 jaar	80	74	71	71	79	100
65-79 jaar	61	58	69	61	74	84
≥ 80 jaar	39	36	40	52	45	54
lager onderwijs	60	54	57	49	56	64
vmbo (lbo/mavo)	91	87	84	70	71	80
havo, vwo, mbo	116	114	108	101	95	100
hbo, universiteit	135	122	111	122	106	117
Nederlands	.	.	.	99	100	99
Turks, Marokkaans	.	.	.	107	85	73
Surinaams, Antilliaans	.	.	.	103	100	82

. Geen gegevens.
a Een van vier categorieën activiteiten: (1) tekenen, schilderen, grafisch werk; (2) beeldhouwen, boetseren, pottenbakken, sieraden maken; (3) werken met textiel, weven, wandkleden maken; (4) fotograferen, filmen (ook video).
b Hoogste voltooide of huidige opleidingsniveau, bevolking van 20 jaar en ouder.

Bron: SCP (AVO'83-'03)

Binnen de categorie 'beeldende kunst' zijn beeldhouwen, boetseren, pottenbakken en sieraden maken de vakken dat relatief vaak in georganiseerd verband worden beoefend (tabel 5.6). Grafisch ontwerpen op de pc voegt zich bij fotografie en film als activiteit die juist vaak buiten georganiseerde kaders valt. Wellicht geldt hier dat geïnteresseerden dit kunnen leren door spelenderwijs dingen uit te proberen, net als bij het werken met de computer zelf. Andere vakken nemen een tussenpositie in.

Tabel 5.6 Actieve deelname aan beeldende-kunstactiviteiten in de afgelopen 12 maanden: les in of buiten instelling en verenigingslidmaatschap, beoefenaren van de betreffende discipline van 6 jaar en ouder, 1983-2003 (in procenten)

	1983	1987	1991	1995	1999	2003
tekenen, schilderen, grafisch werk						
les in instelling	10	9	8	11	9	10
les buiten instelling	9	14	17	17	16	17
verenigingslid	7	7	7	7	5	10
grafisch ontwerpen op de pc						
les in instelling	.	.	.	.	.	3
les buiten instelling	.	.	.	.	.	10
verenigingslid	.	.	.	.	.	4
beeldhouwen, boetseren, pottenbakken, sieraden maken						
les in instelling	12	10	11	14	11	13
les buiten instelling	9	14	20	22	21	23
verenigingslid	10	11	11	10	5	11
werken met textiel, weven, wandkleden maken						
les in instelling	9	8	8	11	8	5
les buiten instelling	8	11	17	17	15	13
verenigingslid	7	8	9	8	5	9
fotograferen, filmen (ook video)						
les in instelling	4	5	4	7	7	3
les buiten instelling	4	5	4	7	7	5
verenigingslid	5	5	4	5	7	4
tenminste een van de activiteiten[a]						
les in instelling	10	9	10	13	12	9
les buiten instelling	8	12	17	20	19	16
verenigingslid	8	9	10	9	8	11

.   Geen gegevens
a   Een van vier categorieën activiteiten: (1) tekenen, schilderen, grafisch werk; (2) beeldhouwen, boetseren, pottenbakken, sieraden maken; (3) werken met textiel, weven, wandkleden maken; (4) fotograferen, filmen (ook video).

Bron: SCP (AVO'83-'03)

Systematische verschuivingen in het volgen van lessen of in het lidmaatschap van verenigingen hebben zich bij de afzonderlijke vakken niet voorgedaan. Gezien het geringe aantal respondenten per vak, wordt de kans op toevallige uitschieters wel wat groter. Zo ligt het verenigingslidmaatschap bij tekenen enzovoort in 2003 wat hoger dan in voorgaande jaren. Hier is toeval aannemelijker dan het begin van een trend.

5.4 Muziek

Zelf muziek maken is een activiteit die velen kan boeien. Ongeveer een op de vijf Nederlanders is op deze wijze actief, althans als we afgaan op de laatste meting uit 2003. In 1991 en 1999 lag het aantal beoefenaren een stuk hoger, op ruim een kwart van de bevolking. Over de gehele reeks metingen vanaf 1983 blijken dit – tot nu toe onverklaarde – uitschieters naar boven te zijn. Deze schommelingen, alsmede de vraagtekens rond de betrouwbaarheid van de meting, bemoeilijken het trekken van conclusies over veranderingen door de tijd. Maar in ieder geval is een vijfde op enigerlei wijze zelf muzikaal actief.

Binnen de muziekvakken is hier onderscheid gemaakt tussen zingen en het bespelen van een muziekinstrument. De omvang van deze twee groepen beoefenaren is ongeveer even groot. In 2003 deed 12% aan zingen en bespeelde 13% een instrument (tabel 5.7). Daarmee behoren zingen en musiceren, na tekenen, schilderen en grafisch werk (zie tabel 5.4), tot de meest beoefende kunstvakken. Het gemiddelde aantal activiteiten per deelnemer wijst erop dat ongeveer 20% het zingen en het bespelen van een instrument combineert.

Tabel 5.7 Actieve deelname aan muzikale activiteiten in de afgelopen 12 maanden, bevolking van 6 jaar en ouder, 1983-2003 (in procenten)

	1983	1987	1991	1995	1999	2003
zingen	12	14	18	13	18	12
muziekinstrument bespelen	15	14	17	13	16	13
ten minste een van deze activiteiten (%)	22	22	28	21	26	21
aantal beoefende activiteiten	0,3	0,3	0,3	0,3	0,3	0,2
idem, per deelnemer	1,2	1,3	1,3	1,3	1,3	1,2

Bron: SCP (AVO'83-'03)

Ook de samenstelling van de groep die muzikaal actief, is wijkt maar weinig af van het algemene beeld dat in paragraaf 5.2 is beschreven. Uit tabel 5.8 blijkt dat het verschil tussen de seksen in 2003 bijzonder klein was, maar ook dat het in voorgaande jaren wat groter was. Steeds waren er meer vrouwen actief dan mannen. Bij de ontwikkelingen binnen de leeftijdsgroepen is het opvallend dat er bij het musiceren nauwelijks een stijging in participatie valt waar te nemen bij de 35-plussers. Dat de kunstzinnige burger ouder wordt, komt dus niet doordat meer ouderen muziek zijn gaan maken. Evenals bij de beeldende vakken blijft bij de muziekvakken de deelname van lager opgeleiden en van Marokkanen en Turken achter.

Tabel 5.8 Actieve deelname aan ten minste een muzikale activiteit[a] in de afgelopen 12 maanden, naar sekse, leeftijd, opleidingsniveau[b] en etniciteit, bevolking van 6 jaar en ouder, 1983-2003 (index: bevolkingsgemiddelde in betreffende jaar = 100)

	1983	1987	1991	1995	1999	2003
deelname	100	100	100	100	100	100
man	87	88	87	87	88	94
vrouw	112	112	113	113	112	106
6-11 jaar	158	172	186	179	171	163
12-19 jaar	160	158	159	172	167	165
20-34 jaar	108	109	103	96	96	91
35-49 jaar	79	84	81	83	79	88
50-64 jaar	64	65	66	73	73	82
65-79 jaar	55	56	63	65	80	77
≥ 80 jaar	60	45	42	44	58	63
lager onderwijs	51	45	46	48	56	48
vmbo (lbo/mavo)	71	69	65	64	66	62
havo, vwo, mbo	107	100	98	88	89	83
hbo, universiteit	144	153	135	142	118	138
Nederlands	.	.	.	100	101	100
Turks, Marokkaans	.	.	.	50	66	55
Surinaams, Antilliaans	.	.	.	99	110	105

. Geen gegevens.
a Een van twee activiteiten: (1) zingen; (2) muziekinstrument bespelen.
b Hoogste voltooide of huidige opleidingsniveau, bevolking van 20 jaar en ouder.

Bron: SCP (AVO'83-'03)

De percentages cursus- en verenigingsdeelname zijn bij de muziekvakken hoger dan bij de beeldende vakken (tabel 5.9; zie tabel 5.6). Vooral zang wordt veel in verenigingsverband beoefend, waarbij de meting uit 2003 met 40% er nog eens extra uitspringt.

Net als bij beeldende vakken is bij het volgen van lessen en het verenigingslidmaatschap bij muziekvakken sprake van schommelingen in de deelname, maar niet van eenduidige trends.

Tabel 5.9 Actieve deelname aan muzikale activiteiten in de afgelopen 12 maanden: les in of buiten instelling en verenigingslidmaatschap, beoefenaren van de betreffende discipline van 6 jaar en ouder, 1983-2003 (in procenten)

	1983	1987	1991	1995	1999	2003
zingen						
les in instelling	17	17	16	22	18	22
les buiten instelling	15	21	24	22	19	26
verenigingslid	32	31	31	32	27	40
muziekinstrument bespelen						
les in instelling	25	24	25	27	24	27
les buiten instelling	18	30	33	35	32	31
verenigingslid	16	20	21	25	22	26
ten minste een van deze activiteiten						
les in instelling	25	24	26	29	27	28
les buiten instelling	19	29	35	34	31	33
verenigingslid	27	29	32	34	31	37

Bron: SCP (AVO'83-'03)

5.5 Theater

Toneel, mime, volksdans en ballet (ook jazz- en beatballet) vormen hier het derde cluster van kunstvakken. Met een deelnamepercentage onder de 10 kent dit cluster theatervakken de minste participanten. Ook hier laat de precieze omvang van de groep zich moeilijk vaststellen. De meeste cijfers in tabel 5.10 wijzen op een bereik van bijna 8% onder de Nederlandse bevolking. Maar er zijn metingen die dit constante deelnamepercentage doorbreken. In 1995 en in 2003 lag de gerapporteerde deelname rond de 5%. Vooralsnog kan moeilijk vastgesteld worden of dit wijst op in- en uitstroom van theaterliefhebbers of dat het eerder een artefact van de dataverzameling is. In toekomstig onderzoek zal hier aandacht aan worden besteed.

Tabel 5.10 Actieve deelname aan toneel, mime, volksdans en/of ballet in de afgelopen 12 maanden, bevolking van 6 jaar en ouder, 1983-2003 (in procenten)

	1983	1987	1991	1995	1999	2003
toneel, mime, volksdans, ballet[a]	7,8	7,6	7,6	5,2	7,9	4,5

a Inclusief jazz- en beatballet.

Bron: SCP (AVO'83-'03)

De samenstelling van de groep die theateractiviteiten beoefent, beantwoordt eveneens aan het algemene beeld. Vrouwen zijn weer oververtegenwoordigd, en wel in iets sterkere mate dan bij de beeldende en de muziekvakken (tabel 5.11). Ook hier zijn de jongeren (tot 20 jaar) vaker actief dan ouderen. En net als bij de muziekvakken, is de participatie van 35-plussers niet gestegen (als tenminste de afwijkende cijfers uit 1999 buiten beschouwing worden gelaten). Dat de kunstzinnige burger ouder wordt, komt vooral doordat meer ouderen op het beeldende vlak actief zijn geworden. Evenals bij de andere vakken blijft de deelname aan theatervakken van lager opgeleiden en Marokkanen en Turken achter, aangenomen dat de piek in hun deelname van 1999 geen 'echte' was, maar op een steekproeftoevalligheid berust.

Tabel 5.11 Actieve deelname aan toneel, mime, volksdans en/of ballet[a] in de afgelopen 12 maanden, naar sekse, leeftijd, opleidingsniveau[b] en etniciteit, bevolking van 6 jaar en ouder, 1983-2003 (index: bevolkingsgemiddelde in betreffende jaar = 100)

	1983	1987	1991	1995	1999	2003
deelname	100	100	100	100	100	100
man	41	38	44	50	67	45
vrouw	158	160	155	150	132	154
6-11 jaar	152	218	245	233	216	324
12-19 jaar	184	168	169	185	201	182
20-34 jaar	140	121	105	91	72	81
35-49 jaar	64	76	71	79	63	66
50-64 jaar	35	43	47	63	82	57
65-79 jaar	30	40	58	51	85	64
≥ 80 jaar	23	6	9	6	60	54
lager onderwijs	45	39	41	36	73	34
vmbo (lbo/mavo)	67	61	53	59	65	52
havo, vwo, mbo	97	103	92	92	63	64
hbo, universiteit	156	126	128	122	87	107
Nederlands	.	.	.	99	99	96
Turks, Marokkaans	.	.	.	57	120	43
Surinaams, Antilliaans	.	.	.	98	99	134

. Geen gegevens.
a Incl. jazz- en beatballet.
b Hoogste voltooide of huidige opleidingsniveau, bevolking van 20 jaar en ouder.

Bron: SCP (AVO '83-'03)

De percentages cursus- en verenigingsdeelname zijn bij de theatervakken weer hoger dan bij de muziekvakken (tabel 5.12; zie tabel 5.10). Meer dan de helft van de beoefenaren volgt lessen, en eveneens meer dan de helft is lid van een vereniging. Daarmee is de organisatiegraad bij de theatervakken hoger dan bij andere kunstvakken. Dat is al lange tijd het geval, en hierdoor ontstaat een beeld van het amateurtheater als een in omvang stabiele sector met een relatief hoge organisatiegraad.

Tabel 5.12 Actieve deelname aan toneel, mime, volksdans en/of ballet: les in of buiten instelling en verenigingslidmaatschap in de afgelopen 12 maanden, beoefenaren van 6 jaar en ouder, 1983-2003 (in procenten)

	1983	1987	1991	1995	1999	2003
les in instelling	56	58	51	49	47	54
les buiten instelling	28	46	56	53	50	59
verenigingslid	51	53	58	51	45	59

Bron: SCP (AVO'83-'03)

5.6 Conclusie

Het trekken van eenduidige conclusies over de omvang van de groep die amateurkunst beoefent, wordt bemoeilijkt door de vraagtekens bij de vergelijkbaarheid van de metingen in de verschillende jaren. In 2003 gaf 44% van de ondervraagde bevolking aan als amateur actief te zijn. De meesten waren actief op het terrein van de beeldende kunst. Theatervakken werden het minst vaak beoefend, muziekvakken namen een tussenpositie in. Sinds 1995 is het aantal actieven geleidelijk gestegen, een stijging die voornamelijk voor rekening van de beeldende vakken komt.

De samenstelling van de groep kent weinig verrassingen. Jongeren zijn in vrij sterke mate oververtegenwoordigd en vrouwen in lichtere mate. De eerder geconstateerde trend dat de kunstzinnige burger ouder wordt, blijkt alleen op te gaan voor de beoefening van beeldende vakken. Verder blijft de deelname van lager opgeleiden en Marokkanen en Turken achter bij die van hoger opgeleiden respectievelijk Nederlanders en Surinamers/Antillianen.

De organisatiegraad (deelname aan cursussen en verenigingen) is bij de theatervakken het grootst (meer dan de helft is lid en eveneens meer dan de helft volgt lessen) en bij beeldende vakken het kleinst (deelname aan lessen of verenigingen vaak onder de 10%). Ook hier nemen de muziekvakken een tussenpositie in.

Vergelijkt men de actieve met de receptieve cultuurparticipatie, dan valt een aantal zaken op. Het verschil in deelname tussen de seksen is duidelijk groter bij de actieve participatie (zeker bij theater en beeldende kunst). Mogelijk speelt hier een rol dat receptieve cultuurdeelname veelal een sociale activiteit is, waarin meerdere leden van het huishouden participeren. Dat geldt voor bezoeken aan cultureel erfgoed (De Haan 1997: 105 e.v.; De Haan 2001), aan podia (De Haan en Knulst 2000; Van de Pol en Duijser 2004) alsook voor mediagebruik (Huysmans 2001; Stichting KijkOnderzoek 2005). Mogelijk maskeert het kleine verschil in deelname hierdoor een in feite groter verschil in interesse voor cultuur tussen de seksen. Bij de actieve participatie, waarin ieder wellicht meer zijn eigen weg gaat omdat er veel meer vrije tijd mee is gemoeid, komt het sekseverschil duidelijker naar voren.

Een ander in het oog springend gegeven is dat kinderen en jeugdigen, veel meer dan bij de receptieve deelname, bovengemiddeld creatief actief zijn. Dat de kunstzinnige burger niettemin een hogere gemiddelde leeftijd kent dan enkele decennia terug, kan derhalve noch op het conto van een geringe, noch op dat van een dalende actieve cultuurparticipatie van de jongsten worden geschreven.

Bijlage bij hoofdstuk 5 Deelnamepercentages

Tabel B5.1 Actieve deelname aan kunstzinnige activiteiten[a] in de afgelopen 12 maanden, naar sekse, leeftijd, opleidingsniveau[b] en etniciteit, bevolking van 6 jaar en ouder, 1983-2003 (in procenten)

	1983	1987	1991	1995	1999	2003
deelname (%)	48	47	51	38	42	44
man	41	40	43	32	37	37
vrouw	55	54	58	45	48	51
6-11 jaar	57	65	72	60	64	64
12-19 jaar	62	61	66	56	63	54
20-34 jaar	57	55	55	38	41	40
35-49 jaar	42	43	46	35	36	42
50-64 jaar	38	37	40	31	35	43
65-79 jaar	31	31	37	28	35	38
≥ 80 jaar	24	21	25	20	24	27
lager onderwijs	30	27	31	21	26	28
vmbo (lbo/mavo)	43	41	43	29	32	34
havo, vwo, mbo	55	53	55	38	41	42
hbo, universiteit	65	60	60	50	48	54
Nederlands	.	.	.	39	42	44
Turks, Marokkaans	.	.	.	30	29	32
Surinaams, Antilliaans	.	.	.	35	40	40

. Geen gegevens.
a Ten minste een van de in dit hoofdstuk behandelde activiteiten, met uitzondering van grafisch ontwerpen op de pc.
b Hoogste voltooide of huidige opleidingsniveau, bevolking van 20 jaar en ouder.

Bron: SCP (AVO'83-'03)

Tabel B5.2   Actieve deelname aan ten minste een beeldende-kunstactiviteit[a] in de afgelopen 12 maanden, naar sekse, leeftijd, opleidingsniveau[b] en etniciteit, bevolking van 6 jaar en ouder, 1983-2003 (in procenten)

	1983	1987	1991	1995	1999	2003
deelname (%)	37	36	40	27	30	32
man	31	30	32	20	25	24
vrouw	44	42	47	33	35	39
6-11 jaar	42	52	63	48	53	50
12-19 jaar	49	48	55	43	48	36
20-34 jaar	47	44	44	27	30	29
35-49 jaar	31	31	35	23	24	31
50-64 jaar	30	27	28	19	24	32
65-79 jaar	23	21	27	16	23	27
≥ 80 jaar	15	13	16	14	14	17
lager onderwijs	22	20	23	13	17	20
vmbo (lbo/mavo)	34	31	34	19	21	26
havo, vwo, mbo	43	41	43	27	29	32
hbo, universiteit	50	44	44	33	32	37
Nederlands	.	.	.	26	30	31
Turks, Marokkaans	.	.	.	29	26	23
Surinaams, Antilliaans	.	.	.	27	30	26

. Geen gegevens.
a   Een van vier categorieën activiteiten: (1) tekenen, schilderen, grafisch; (2) beeldhouwen, boetseren, pottenbakken, sieraden maken; (3) werken met textiel, weven, wandkleden maken; (4) fotograferen, filmen (ook video).
b   Hoogste voltooide of huidige opleidingsniveau, bevolking van 20 jaar en ouder.

Bron: SCP (AVO'83-'03)

Tabel B5.3 Actieve deelname aan ten minste een muzikale activiteit[a] in de afgelopen 12 maanden, naar sekse, leeftijd, opleidingsniveau[b] en etniciteit, bevolking van 6 jaar en ouder, 1983-2003 (in procenten)

	1983	1987	1991	1995	1999	2003
deelname (%)	22	22	28	21	26	21
man	19	20	24	18	23	20
vrouw	25	25	31	24	29	22
6-11 jaar	35	39	51	38	45	34
12-19 jaar	35	36	44	36	44	34
20-34 jaar	24	24	28	20	25	19
35-49 jaar	18	19	22	18	21	18
50-64 jaar	14	15	18	16	19	17
65-79 jaar	12	12	17	14	21	16
≥ 80 jaar	13	10	11	9	15	13
lager onderwijs	11	10	13	10	15	10
vmbo (lbo/mavo)	16	15	18	13	17	13
havo, vwo, mbo	24	22	27	19	23	17
hbo, universiteit	32	34	37	30	31	29
Nederlands	.	.	.	21	27	21
Turks, Marokkaans	.	.	.	11	17	11
Surinaams, Antilliaans	.	.	.	21	29	22

. Geen gegevens.
a Eén van twee activiteiten: (1) zingen; (2) muziekinstrument bespelen.
b Hoogste voltooide of huidige opleidingsniveau, bevolking van 20 jaar en ouder.

Bron: SCP (AVO'83-'03)

Tabel B5.4 Actieve deelname aan toneel, mime, volksdans en/of ballet[a] in de afgelopen 12 maanden, naar sekse, leeftijd, opleidingsniveau[b] en etniciteit, bevolking van 6 jaar en ouder, 1983-2003 (in procenten)

	1983	1987	1991	1995	1999	2003
deelname (%)	7,8	7,6	7,6	5,2	7,9	4,5
man	3,2	2,9	3,4	2,6	5,3	2,0
vrouw	12,2	12,1	11,8	7,7	10,4	6,9
6-11 jaar	11,8	16,5	18,6	12,0	17,0	14,6
12-19 jaar	14,2	12,7	12,9	9,5	15,9	8,2
20-34 jaar	10,8	9,2	8,0	4,7	5,7	3,7
35-49 jaar	4,9	5,7	5,4	4,1	4,9	3,0
50-64 jaar	2,7	3,3	3,6	3,3	6,5	2,6
65-79 jaar	2,3	3,0	4,4	2,6	6,7	2,9
≥ 80 jaar	1,8	0,4	0,7	0,3	4,7	2,4
lager onderwijs	3,5	3,0	3,1	1,8	5,7	1,5
vmbo (lbo/mavo)	5,2	4,6	4,0	3,0	5,1	2,4
havo, vwo, mbo	7,6	7,8	7,0	4,7	5,0	2,9
hbo, universiteit	12,1	9,6	9,7	6,3	6,9	4,8
Nederlands	.	.	.	5,1	7,8	4,4
Turks, Marokkaans	.	.	.	2,9	9,4	1,9
Surinaams, Antilliaans	.	.	.	5,0	7,8	6,1

. Geen gegevens.
a Incl. jazz- en beatballet.
b Hoogste voltooide of huidige opleidingsniveau, bevolking van 20 jaar en ouder.

Bron: SCP (AVO'83-'03)

6 Samenvatting en conclusies

In de vorige hoofdstukken is de cultuurdeelname in Nederland in diverse trends uiteengelegd. Hoewel deze gegevens niet alle denkbare aspecten van de culturele belangstelling omvatten (zo bleven het bezoek aan kunstbeurzen en het kopen van kunst hier onderbelicht), passeerde veel informatie de revue.

Bij wijze van samenvattend slotakkoord bevat dit hoofdstuk een vergelijkend overzicht van het cultuurbereik. Ontwikkelingen in en publieksopbouw van diverse vormen van receptieve en actieve belangstelling, worden voor kunst en erfgoed naast elkaar gezet. Dit geeft een totaalbeeld van de trends in en spreiding van het culturele draagvlak. Tevens biedt het zicht op de onderlinge verhoudingen in de belangstelling voor de diverse aspecten van culturele belangstelling (bv. hoe verhoudt zich de belangstelling voor musea met die voor podia?) en op ontwikkelingen daarin.

Eerst volgt een samenvattend overzicht van de trends in het cultuurbereik (§ 6.1), zowel over de wat langere termijn (1983-2003) als over het meest recente interval in de peilingen (1999-2003). Vervolgens wordt van de diverse vormen van cultuurdeelname vergeleken hoe het bereik ervan samenhangt met sekse, leeftijd, opleidingsniveau en etniciteit (§ 6.2). Daarna komen in kort bestek de trends in die spreiding ter sprake (§ 6.3). Besloten wordt met een blik op de houdbaarheid van conclusies en van toekomstbespiegelingen uit SCP-publicaties over het cultuurbereik van de afgelopen jaren (§ 6.4). Geven de recente ontwikkelingen aanleiding een optimistischer toon aan te slaan dan die welke eerder doorklonk in karakteriseringen als een 'scheiding der geesten' en een 'parade der passanten'? Is het 'marginaliseringsscenario', volgens welk cultureel erfgoed en kunsten bij brede lagen van de bevolking aan belangstelling zouden inboeten, intussen wat minder waarschijnlijk geworden?

6.1 Trends in cultuurbereik

Passeerden tot nu toe de diverse vormen van culturele belangstelling een voor een de revue, nu komen ze tegelijk aan de orde. Om trends in de diverse aspecten van het cultuurbereik eenvoudig te kunnen vergelijken, dient de waarnemingsperiode van de diverse trends vergelijkbaar te zijn en dienen de trends in een vergelijkbare grootheid te worden uitgedrukt. De waarnemingsperiode loopt hier in eerste instantie telkens van 1983 tot 2003, omdat voor 1979 niet voor alle vormen van belangstelling voor het erfgoed een meting beschikbaar is. Vormen van culturele belangstelling die slechts in de latere jaren zijn gepeild, zoals de belangstelling voor archieven, zijn hier buiten beschouwing gelaten. Een vergelijkbare grootheid is verkregen door de diverse reeksen te indexeren. Telkens is de belangstelling in 1983 op 100 gesteld en zijn de scores van de volgende jaren in verhouding tot die score uitgedrukt.

Met dit alles is de samenvattende overzichtstabel 6.1 verkregen, met voor elke vorm van culturele belangstelling een reeks indexcijfers die een periode van twintig jaar omvat. Voor op avo-gegevens gebaseerde trends gaat het om de periode 1983-2003, voor op tbo-gegevens gebaseerde trends over het mediagebruik om de periode 1980-2000. In alle gevallen mag het verschil als een percentage gelezen worden.

Het beeld van de ontwikkelingen gedurende de twee decennia is wisselend. Receptieve cultuurdeelname blijkt in de regel enigszins of in wat sterkere mate in de lift te hebben gezeten. Het meest geldt dat voor de vormen van cultuur die doorgaans tot de populaire cultuur gerekend worden: populaire muziek (+72%), cabaret (+27%) en film (+18%). Uit de culturele canon konden ballet (+15%), beroepstoneel (+15%), musea (+7%), klassieke muziek (+6%) en monumenten (+4%) zich in een groter bereik verheugen. Het volgen van programma's over cultuur op radio en televisie lag in 2003 op een vergelijkbaar niveau als in 1983.

De actieve beoefening van kunstvormen in de vrije tijd gaf in de loop der jaren een sterk wisselend beeld te zien. In 2003 kende de amateurkunstbeoefening een wat kleiner bereik onder de bevolking dan in 1983.

Het lezen als vrijetijdsbesteding geeft al geruime tijd een daling te zien. Sinds 1983 moest vooral het boek terrein prijs geven: het weekbereik daalde met een derde.

Tevens kan aan de hand van tabel 6.1 het verloop van de ontwikkeling binnen diverse vormen van culturele belangstelling worden vergeleken. We zullen die slechts in hoofdlijnen bespreken. Enkele vormen van culturele belangstelling – musea, monumenten, ballet, klassieke muziek, kunsten via de media en musiceren – kenden aanvankelijk een flinke stijging van het bereik, om daarna weer terug te vallen. Omgekeerd daalde de belangstelling voor de bioscoop nog enige tijd, alvorens aan een opmars te beginnen, terwijl het bereik van cabaret lang stabiel was en in de tweede helft van de jaren negentig plots naar een hoger niveau steeg.

Tabel 6.1   Trends in cultuurbereik 1983-2003: geïndexeerde ontwikkelingen in bezoek en deelname (in indexcijfers, 1983 = 100)

	1983	1987	1991	1995	1999	2003
gebaseerd op percentage dat daar in voorafgaande 12 maanden minstens 1 bezoek aan bracht						
museum	100	111	116	98	105	107
monumenten	100	103	115	100	97	104
toneel	100	102	110	110	119	111
beroepstoneel	100	102	108	109	116	115
ballet	100	124	108	99	100	115
cabaret	100	97	102	101	125	127
klassieke muziek	100	113	123	133	115	106
populaire muziek	100	113	134	138	153	172
cinema	100	93	95	101	112	118
gebaseerd op percentage dat daar in voorafgaande 12 maanden minstens 1 keer naar luisterde en/of keek						
kunstprogramma's op radio en televisie	100	114	110	100	90	99
gebaseerd op percentage dat in voorafgaande 12 maanden die kunstdiscipline minstens 1 keer beoefende						
beeldende kunst	100	97	107	72	82	85
musiceren en/of zingen	100	102	125	96	119	95
theater	100	98	98	66	102	58
gebaseerd op percentage dat in daar in voorafgaande week minstens 1 kwartier in gelezen heeft (in indexcijfers, 1980 = 100)						
		1980	1985	1990	1995	2000
boeken		100	92	92	80	65
tijdschriften		100	97	87	89	74
kranten		100	96	90	85	76

Bron: SCP (AVO'83-'03; TBO'80-'00)

Dergelijke geïndexeerde trends over de periode sinds 1983 laten de onderlinge verhoudingen van het bereik alsook de meest actuele trends onderbelicht. Daarom zijn in tabel 6.2 de gegevens over 1999 en 2003 apart in kolommen gevat, inclusief een geïndexeerde score voor 2003 met 1999 als referentiepunt (bij lezen gaat het om de jaren 1995 en 2000). Ook hier ontbreken weer enkele van de eerder besproken vormen van culturele belangstelling, omdat niet altijd metingen voor die twee jaren beschikbaar zijn.

De kolom voor 2003 vat niet alleen het bereik van de diverse verschijningsvormen van culturele belangstelling samen, maar geeft ook een beeld van de onderlinge verhoudingen. Wellicht ten overvloede wijzen we de lezer erop dat het weekbereik van lezen niet zonder meer mag worden vergeleken met het jaarbereik van de overige vormen van culturele belangstelling.

Van de verschillende vormen van receptieve cultuurdeelname kennen achtereenvolgens bioscoopbezoek (57%), monumentenbezoek (45%), museumbezoek (38%), concerten van populaire muziek (31%) en toneeluitvoeringen (26%) het grootste bereik. Professioneel toneel, cabaret en klassieke muziek trekken 14% elk, en ballet (5%) sluit de rij.

Een kleine 40% van de bevolking volgde in de loop van een jaar eens of vaker een cultuurprogramma op radio of televisie, ruim 40% las over cultuur in de gedrukte media.

Van de actieve kunstbeoefening heeft het beoefenen van enigerlei vorm van beeldende kunst (schilderen, tekenen, enz.) met circa een derde van de bevolking het grootste bereik. Musiceren (21%) en vooral acteren en andere vormen van theater (5%) blijven daar bij achter.

Binnen het bestek van een week las 62% van de bevolking een kwartier of langer in een krant; het aandeel boekenlezers lag op de helft daarvan. Het bereik van tijdschriften bedroeg iets meer dan de helft van de bevolking.

Tabel 6.2 Trends in cultuurbereik 1999 en 2003: geïndexeerde ontwikkelingen in bezoek en deelname (in procenten en indexcijfers, 1999 = 100)

	percentage dat daar in voorafgaande 12 maanden minstens 1 bezoek aan bracht		
	1999	2003	index 2003, 1999 = 100
museum	37	38	102
monumenten	42	45	107
toneel	28	26	94
beroepstoneel	15	14	99
ballet	4,0	4,6	115
cabaret	14	14	101
klassieke muziek	15	14	92
populaire muziek	28	31	113
cinema	54	57	106
	percentage dat die media in voorafgaande 12 maanden minstens 1 keer raadpleegde over cultuur		
kunstprogramma's op radio en televisie	35	38	110
gedrukte media (1995 en 2000)	42	42	100
	percentage dat in voorafgaande 12 maanden die kunstdiscipline minstens 1 keer beoefende		
beeldende kunst	30	32	105
musiceren en/of zingen	26	21	79
theater	8	5	57
	percentage dat in daar in voorafgaande week minstens 1 kwartier in gelezen heeft:		
	1995	2000	index 2000, 1995=100
boeken	38	31	80
tijdschriften	63	53	83
kranten	69	62	90

Bron: SCP (AVO'99-'03; TBO'95-'00)

Net als de periode 1983-2003 geeft ook de periode 1999-2003 wisselende ontwikkelingen in het cultuurbereik te zien. Het bereik van ballet (+15%), populaire muziek (+13%), monumenten (+7%) en bioscopen (+6%) groeide, dat van klassieke muziek daalde (–8%). In de belangstelling voor musea en beroepstoneel bestaat tussen 1999 en 2003 geen noemenswaardig verschil.

De positie van de gedrukte media als bron van informatie over cultuur bleef tussen 1999 en 2003 ongewijzigd, het bereik van cultuurprogramma's op radio en televisie groeide.

De langeretermijntrend van afnemende belangstelling voor lezen manifesteerde zich ook in de meest recente waarnemingsperiode van het Tijdsbestedingsonderzoek (1995-2000). Opnieuw gaf het boek het meeste terrein prijs: 20% in vijf jaar tijd.

6.2 Sociale spreiding van het cultuurbereik

In de eerdere hoofdstukken werd steeds per vorm van culturele belangstelling de spreiding over de bevolking weergegeven, waarbij het bereik telkens werd uitgesplitst naar enkele persoonskenmerken (sekse, leeftijd, opleidingsniveau en etniciteit). Gaandeweg is de oplettende lezer daarin mogelijk her en der een patroon gaan herkennen, bijvoorbeeld het gegeven dat cultuur onder vrouwen een groter bereik heeft dan onder mannen.

Door nu, omgekeerd, per persoonskenmerk de spreiding van de diverse vormen van culturele belangstelling weer te geven, ontstaat een overzicht van de mate waarin het cultuurbereik verschilt naar sekse, leeftijd, opleidingsniveau en etniciteit. Omwille van de overzichtelijkheid hebben de volgende tabellen uitsluitend betrekking op de spreiding anno 2003, nu inclusief die vormen van culturele belangstelling die in de voorgaande paragraaf ontbraken.

Het gaat telkens om de direct waarneembare samenhang tussen deze vier persoonskenmerken enerzijds en de diverse vormen van cultuurdeelname anderzijds. Analyses van de mate waarin die samenhangen onderling op elkaar inwerken, zoals de observatie dat verschillen naar etniciteit eigenlijk zijn terug te voeren op verschillen in scholing, komen pas in vervolgstudies aan de orde. Dat geldt ook voor een nadere analyse naar de vraag of de samenhang met leeftijd moet worden geïnterpreteerd in termen van verschillen tussen de fases in de levensloop dan wel in termen van verschillen tussen de socialiserende invloeden waaraan mensen uit verschillende geboortejaren blootstonden.

Over bijna de gehele breedte van het spectrum – receptieve cultuurdeelname, cultuurdeelname via de media en actieve cultuurdeelname – zijn meer vrouwen dan mannen in cultuur geïnteresseerd (tabel 6.3). Er zijn twee uitzonderingen: de belangstelling voor archieven en archeologie en de actieve inzet voor cultureel erfgoed leeft sterker onder mannen, en filmbezoek is een sekseneutrale vorm van uitgaan.

Het verschil in het receptieve bereik is het grootst bij de podiumkunsten. Daarbinnen doet het sekseverschil zich met name voor bij de disciplines die wortelen in de culturele canon, veel minder bij cabaret en popmuziek. In de belangstelling voor musea en voor monumenten ontlopen de seksen elkaar niet veel.

Tabel 6.3   Cultuurbereik naar sekse, 2003 (geïndexeerd, bevolkingsgemiddelde 2003 = 100)

	man	vrouw
museum	96	104
monumenten	98	102
archieven	116	85
archeologie	109	92
actieve betrokkenheid bij erfgoed	105	95
toneel	85	115
professioneel toneel	81	118
ballet	66	134
cabaret	93	106
klassieke muziek	87	113
populaire muziek	92	108
cinema	100	100
kunstprogramma's op radio en televisie	95	105
literair lezen (minuten per week, 2000)	74	125
beeldende kunst	77	123
musiceren en/of zingen	94	106
theater	45	154

Bron: SCP (AVO'03; TBO'00)

Uit deze gegevens kan niet worden afgeleid in welke mate vrouwen ook binnen gezinnen het culturele voortouw nemen. De indruk bestaat echter, ook bij cultuurprofessionals, dat het sekseverschil in de culturele belangstelling groter zou zijn als vrouwen hun mannelijke partners minder vaak op sleeptouw zouden nemen. Directe gegevens hierover zijn er niet, maar er zijn wel enige indirecte bewijzen. Zo zijn vrouwen oververtegenwoordigd in adressenbestanden van culturele instellingen (Ranshuysen 2000 en 2002) en bleek uit een recente studie onder bezoekers van Introdans dat het veelal de vrouwen waren die beslist hadden daar een voorstelling van te bezoeken (Ranshuysen 2005).

Naar leeftijd bestaan er forse verschillen in het bereik van de diverse vormen van cultuur (tabel 6.4). Enerzijds kennen erfgoed en uitvoeringen van klassieke muziek, kunstprogramma's op radio en televisie alsmede literair lezen een veel groter bereik onder ouderen dan onder jongeren. Anderzijds zijn jongeren, kinderen vooral, oververtegenwoordigd bij museumbezoek, toneelbezoek, bioscoopbezoek en actieve kunstbeoefening. Bij toneelbezoek blijkt die oververtegenwoordiging van jongeren overigens vooral op amateurtoneel te berusten, want bij professioneel toneel doet zich veeleer een golvend verband met leeftijd voor: een bovengemiddeld bereik onder kinderen, inzakkend bij pubers en herstellend onder volwassenen, om weer af te kalven naarmate de leeftijd vordert. Eenzelfde patroon doet zich, met wisselende pieken, voor bij het bezoek aan musea en monumenten. Ballet kent juist een piek in de leeftijdsgroepen van 20 tot 64 jaar. Datzelfde geldt voor het bereik van cabaret en populaire muziek.

Tabel 6.4 Cultuurbereik naar leeftijd, 2003 (geïndexeerd, bevolkingsgemiddelde 2003 = 100)

	6-11 jaar	12-19 jaar	20-34 jaar	35-49 jaar	50-64 jaar	65-79 jaar	≥ 80 jaar
museum	141	119	70	102	114	96	56
monumenten	106	96	82	109	123	90	42
archieven	.	.	88	90	128	85	22
archeologie[a]	.	.	90	91	101	111	113
actieve betrokkenheid bij erfgoed	.	.	34	88	159	181	128
toneel	170	127	91	94	97	71	61
professioneel toneel	121	90	102	107	106	71	73
ballet	94	84	71	120	132	82	68
cabaret	20	78	138	112	120	64	19
klassieke muziek	61	48	72	93	158	145	111
populaire muziek	69	102	147	123	83	29	10
cinema	139	158	130	107	62	30	15
kunstprogramma's op radio en televisie	32	62	93	106	130	126	129
literair lezen (minuten per week, 2000)	.	76	93	81	100	167	.
beeldende kunst	156	113	92	97	100	84	54
musiceren en/of zingen	163	165	91	88	82	77	63
theater	324	182	81	66	57	64	54

.   Geen gegevens of te weinig observaties.
a   Leeftijdscategorieën wijken af: hier achtereenvolgens 25-34 jaar, 35-44 jaar, 45-54 jaar, 55-64 jaar, ≥ 65 jaar.

Bron: SCP (AVO'03; TBO'00)

Net als met sekse, maar anders dan met leeftijd, kent het cultuurbereik een eenduidige samenhang met opleidingsniveau: de culturele belangstelling is over de gehele breedte van het repertoire groter onder hoger opgeleiden dan onder lager opgeleiden. Dit geldt voor zowel receptieve als actieve cultuurdeelname, zowel het volgen van culturele programma's via radio en televisie als het literaire lezen, en zowel traditionele kunstvormen als meer populaire varianten zoals cabaret, film en popmuziek. Het volgende kwartet onderscheidt zich met de sterkste oververtegenwoordiging van de hoogst opgeleiden: ballet, klassiek concert, literair lezen en archieven.

Tabel 6.5 Cultuurbereik naar opleidingsniveau, bevolking van 20 jaar en ouder, 2003
(geïndexeerd, bevolkingsgemiddelde vanaf 6 jaar in 2003 = 100)[a]

	lo	vmbo	havo, vwo, mbo	hbo, wo
museum	43	68	95	152
monumenten	46	82	108	144
archieven	24	59	78	198
archeologie	62	81	104	146
actieve betrokkenheid bij erfgoed	62	83	94	170
toneel	40	64	100	140
professioneel toneel	29	55	109	187
ballet	38	40	90	225
cabaret	31	71	128	189
klassieke muziek	46	68	100	212
populaire muziek	35	80	125	148
cinema	31	68	107	128
kunstprogramma's op radio en televisie	58	87	110	151
literair lezen (minuten per week, 2000)	36	73	58	199
beeldende kunst	64	80	100	117
musiceren en/of zingen	48	62	83	138
theater	34	52	64	107

a Indexcijfers zijn gebaseerd op de gemiddelden voor de bevolking van 6 jaar en ouder, terwijl de leeftijdsondergrens in deze tabel 20 jaar is.

Bron: SCP (AVO'03; TBO'00)

Dat de oververtegenwoordiging van hoger opgeleiden zich onder alle vormen van het cultuurbereik voordoet, duidt op een cumulatie van onderbenutting van het culturele aanbod onder degenen die minder opleiding genoten hebben. Voor wie op basis van gelijkheidsdenken en/of van emancipatoire overwegingen een gelijk verdeeld gebruik van culturele voorzieningen wenselijk acht, vergroot deze scheefheid de urgentie om er iets aan te doen. Tegelijk maakt de algemeenheid van het verschijnsel de uitdaging des te groter, aangezien de scheve verdeling er ook is voor laagdrempelige vormen van cultureel uitgaan als cabaret, film en popconcert. Het geringere cultuurbereik onder lager opgeleiden is kennelijk niet uitsluitend een kwestie van het bereikbaar maken van het wat moeilijker of complexer deel van het aanbod, hetgeen overigens op zich al een lastige zaak is. Het betreft hier in breder perspectief een kwestie van activering van een groep die kennelijk in het algemeen niet snel geneigd is zich tot het culturele aanbod te wenden, ongeacht of het daarbij om de 'hogere' kunst of de toegankelijker vormen van cultuurproductie gaat.

Ook naar etnische achtergrond is het beeld eenduidig (tabel 6.6). Onder Turken en Marokkanen is het cultuurbereik gering. Surinamers en Antillianen blijven op onderdelen eveneens achter, het sterkst bij monumenten en klassieke muziek, hoewel beduidend minder dan Turken en Marokkanen. In enkele andere opzichten (ballet, filmbezoek, musiceren/zingen en toneelspelen) lopen Surinamers en Antillianen juist wat voorop.

Dat autochtonen in de regel dicht bij het bevolkingsgemiddelde zitten, heeft uiteraard te maken met hun sterke getalsmatige vertegenwoordiging in de bevolkingsopbouw. Wel verdisconteerd in het gemiddelde, maar niet apart weergegeven, zijn gegevens over andere allochtonen. Onder hen leggen Nederlanders met een Indische achtergrond en westerse allochtonen veelal een bovengemiddelde cultuurdeelname aan de dag, zeker bij cultureel erfgoed. Minder dan de hier wel apart besproken groepen allochtonen worden zij gekenmerkt door een lage opleiding en een laag inkomen, terwijl ouderen er minder ondervertegenwoordigd zijn.

Turken en Marokkanen hebben vooral erg weinig affiniteit met toneel, zowel in de rol van bezoeker als in de rol van beoefenaar. Ook monumenten, erfgoedorganisaties, cabaret en popmuziek hebben op hen naar verhouding weinig aantrekkingskracht. Latere gedetailleerde analyses zullen moeten uitwijzen welk deel van deze achterstand kan worden verklaard uit hun – door de bank genomen – lagere opleidingsniveau. Zeker ten opzichte van het westerse aanbod aan podiumvoorstellingen kan daarnaast een grote culturele afstand ten opzichte van het gebodene worden vermoed.

Tabel 6.6 Cultuurbereik naar etniciteit, 2003 (geïndexeerd, bevolkingsgemiddelde 2003 = 100)

	autochtoon	Turks, Marokkaans	Surinaams, Antilliaans
museum	100	59	73
monumenten	102	37	47
archieven	94	81	34
archeologie	.	.	.
actieve betrokkenheid bij erfgoed	105	33	10
toneel	100	29	87
professioneel toneel	100	3	81
ballet	95	49	111
cabaret	105	16	67
klassieke muziek	101	49	46
populaire muziek	102	32	72
cinema	99	86	114
kunstprogramma's op radio en televisie	100	75	83
literair lezen (minuten per week, 2000)	.	.	.
beeldende kunst	99	73	82
musiceren en/of zingen	100	55	105
theater	96	43	134

. Geen gegevens.

Bron: SCP (AVO'03)

Overigens past hier nogmaals het voorbehoud dat er bij de gebruikte enquêtes waarschijnlijk sprake is van een oververtegenwoordiging van beter geïntegreerde allochtonen. De gegevens hebben immers alleen betrekking op degenen die in staat en bereid waren een flinke Nederlandstalige vragenlijst in te vullen. Naar mag worden aangenomen, liggen de verhoudingen feitelijk nog schever dan uit deze cijfers naar voren komt.

Dat het bereik van klassieke concerten onder deze groepen allochtonen bijna de helft zou bedragen van het bereik onder de autochtone bevolking, spoort niet erg met de indruk hierover van de onderzoekers en van geraadpleegde functionarissen van die instellingen. Dit lijkt, bovenop de al genoemde oververtegenwoordiging van beter geïntegreerde allochtonen, het gevolg van een overrapportage of van een cultuurverschil bij de definitie van een klassiek concert. Anderzijds is het gerapporteerde bezoek aan voorstellingen van professionele toneelgezelschappen onder Marokkanen en Turken (3% van het bereik onder autochtonen) juist weer wel plausibel.

Op het moment van schrijven laat het SCP veldwerk verrichten dat meer informatie moet genereren over het cultuurbereik onder allochtonen in relatie tot hun leefsituatie en dat ook een representatiever beeld van de (vrije)tijdsbesteding van allochtonen beoogt te geven (onder meer door de mogelijkheid van een interview in de eigen taal en door iemand uit de eigen etnische groep). Hierover zal in de komende jaren worden gepubliceerd.

6.3 Trends in sociale spreiding van het cultuurbereik

Dat in het algemeen meer vrouwen dan mannen in cultuur zijn geïnteresseerd (tabel 6.3) en meer hoger dan lager opgeleiden (tabel 6.5), gold ook al in eerdere meetjaren. Hierin veranderde weinig, behalve dat onder hoger opgeleiden het bereik van cultuur door de bank genomen wat afnam, met uitzondering van populaire cultuur. Vanuit het perspectief van het cultuurbereik heeft de onderwijsexpansie daarmee niet het culturele rendement opgebracht dat verwacht had mogen worden (Knulst 1992). Zonder het stijgende opleidingsniveau van de bevolking zou het cultuurbereik naar alle waarschijnlijkheid zelfs zijn afgekalfd. In de toekomst zal aan de onderwijsexpansie stilaan een einde komen. Het is een open vraag wat de consequenties zullen zijn van het wegvallen van deze cultuurbereikbegunstigende factor.

Minder statisch dan bij sekse en opleiding was het beeld bij leeftijd en etniciteit. Hier tekende zich in de loop der jaren wel enige ontwikkeling af. Precies deze twee aspecten stonden de laatste jaren wat meer op de beleidsagenda. Dit gold met name in de laatste hier onderzochte periode (1999-2003) onder het bewind van staatssecretaris Van der Ploeg. Cultuurbeleid gericht op jongeren en allochtonen kent echter een bredere inbedding in het beleid dan alleen de regeerperiode van Paars II. Het beleid onder de noemer Cultuur en School dateert al van het midden van de jaren negentig, alvorens in 1999 tot het bredere Actieplan cultuurbereik gerekend te worden. Beide projecten zijn onder staatssecretaris Van der Laan gecontinueerd.

Dat cultuurbereik onder jongeren en allochtonen inzet van beleid is, maakt het extra relevant om stil te staan bij de ontwikkelingen in de relatie van leeftijd en etniciteit tot cultuurbereik. Met het oog op de recente beleidsintensivering, zijn hierbij de trends in de periode 1999-2003 van belang (zie voor musea en een deel van de podiumkunsten tabel 6.7).

Tabel 6.7 Bezoek aan musea en podia[a] naar leeftijd en etniciteit, bevolking van 6 jaar en ouder, 1999-2003 (percentage dat minstens één bezoek bracht in de 12 maanden voorafgaand aan enquête)

	musea		podiumkunsten	
	1999	2003	1999	2003
bezoek (%)	37	38	25	24
6-11 jaar	46	54	23	24
12-19 jaar	39	45	20	19
20-34 jaar	28	27	22	22
35-49 jaar	39	39	23	25
50-64 jaar	43	43	33	30
65-79 jaar	39	36	29	25
≥ 80 jaar	18	21	16	19
Nederlands	38	38	25	25
Turks, Marokkaans	17	23	7	8
Surinaams, Antilliaans	23	28	16	18

a Professioneel toneel, ballet, klassieke muziek, opera.

Bron: SCP (AVO'99-'03)

Onder kinderen en jongeren steeg het aandeel dat jaarlijks een museum bezoekt aanzienlijk. Dat dit niet uit het bevolkingsgemiddelde is af te lezen, ligt aan de getalsmatig bescheiden omvang van deze bevolkingsgroep. Bij het (traditionele) podiumbezoek steeg de toeloop van kinderen en jongeren overigens niet.

Onder allochtonen met een Turkse, Marokkaanse, Surinaamse en Antilliaanse afkomst zijn er op onderdelen enige tekenen van wat een beginnende groei van de culturele belangstelling zou kunnen zijn. Het cultuurbereik onder Turken en Marokkanen is echter gering, soms zelfs zeer gering, ondanks een oververtegenwoordiging in de enquêtes van de beter geïntegreerden onder hen. Hoewel aarzelend, is deze trend congruent met het beleidsstreven meer allochtonen voor het culturele aanbod te interesseren. Evenzo, maar minder aarzelend, is de groeiende toeloop van kinderen en jongeren naar musea een ontwikkeling die spoort met het beleidsstreven meer jongeren bij cultuur te betrekken (zie SCP 2004: 569). Is dit het voorteken van een ommekeer?

6.4 Terugblik en vooruitblik

Voor een antwoord op de vraag waarmee paragraaf 6.3 afsloot, richten we, tot besluit, de blik op de houdbaarheid van bespiegelingen over het cultuurbereik uit twee eerdere scp-publicaties. We grijpen hier terug op het hoofdstuk 'Vrije tijd, media en cultuur' uit het *Sociaal en Cultureel Rapport 1998: 25 jaar sociale veranderingen* (scp 1998) en op de scenarioverkenning *Cultuur tussen competentie en competitie. Contouren van het cultuurbereik in 2030* van dezelfde auteurs (Van den Broek en De Haan 2000). Optimisme over de toekomstige interesse voor het culturele erfgoed en voor de kunsten voerde daarin destijds niet de boventoon, integendeel.

Ter gelegenheid van het 25-jarig bestaan van het Sociaal en Cultureel Planbureau stond in 1998 het *Sociaal en Cultureel Rapport* in het teken van 25 jaar sociale verandering. In genoemd hoofdstuk werden de belangrijkste trends op het vlak van tijdsdruk, vrijetijdsbesteding en cultuurdeelname gepresenteerd en van conclusies voorzien (scp 1998: 721-730).

Allereerst werd een toenemende tijdsdruk geconstateerd, doordat meer mensen meer ambities trachtten te realiseren. Vooral in het 'spitsuur van het leven', wanneer men werk en huishouden moet zien te combineren, groeide de tijdsdruk. Meer en meer mensen zagen zich met deze taakcombinatie geconfronteerd, behalve tweeverdieners ook werkende alleenstaanden.

Ten tweede werd gewag gemaakt van een wat rustelozer vrijetijdsbesteding. De verlokkingen van een uitdijend aanbod aan vrijetijdsactiviteiten leidden tot een zekere versnippering van tijd en aandacht, te meer omdat er voor dat vrijetijdsaanbod juist minder tijd beschikbaar was. Dat het aantal vrijetijdsactiviteiten per week daalde terwijl men op jaarbasis juist wat meer activiteiten ondernam, leidde tot de conclusie dat men wat minder een toegewijd participant was en wat vaker een toevallige passant werd. De bezoekersstroom bij instellingen kreeg wat meer het karakter van een 'parade van passanten' (bezoekers doen meer verschillende dingen, maar doen elk van die dingen minder vaak).

Binnen het volle vrijetijdsrepertoire werd met betrekking tot cultuur, tot slot, gesproken van een mogelijk begin van een 'scheiding der geesten'. Geconstateerd werd dat nieuwere generaties zich sterker aangetrokken voelden tot de populaire cultuurindustrie dan tot de traditionele cultuuruitingen, en dat er bovendien aanwijzingen waren dat de aantrekkingskracht van die populaire cultuur niet slechts een kwestie van jeugdige onbezonnenheid was, maar dat die voorkeur leek te beklijven met het ouder worden van de generaties die met de vermaaksindustrie waren opgegroeid (zie De Haan en Knulst 2000). Geconcludeerd werd dat, als jongeren met het klimmen der jaren de vertrouwde populaire cultuur trouw zouden blijven, dit op den duur zou kunnen betekenen dat het publiek van kunsten en cultureel erfgoed zou vergrijzen en slinken.

De laatste gedachtegang werd twee jaar later in een scenariostudie (Van den Broek en De Haan 2000) uitgewerkt in het marginaliseringsscenario. Uitgangspunt van die studie was de aan Knulst (1992) ontleende constatering dat het stijgende opleidingsniveau geen cultureel rendement opleverde in de vorm van een grotere culturele belangstelling. Hoewel een van de sociologische wetmatigheden luidt dat mensen meer belangstelling voor erfgoed en kunsten aan de dag leggen naarmate ze meer opleiding genoten hebben, had de onderwijsexpansie in de laatste decennia van de vorige eeuw geen culturele expansie tot gevolg. Dat werd toegeschreven aan de toegenomen concurrentie om de vrije tijd. Er was per eenheid vrije tijd steeds meer te doen. Enerzijds kwam dit doordat het aanbod toenam naarmate de vrijetijdsmarkt tot ontwikkeling kwam, anderzijds en tegelijkertijd namen de restricties op vrijetijdsbesteding af met het voortschrijden van ontzuiling en individualisering. Die individualisering impliceerde tevens dat de culturele canon van zijn aureool ontdaan werd. Cultuur was niet langer iets van een andere orde, maar kwam rechtstreeks in concurrentie met andere vormen van vrijetijdsbesteding. De groeiende competentie om van cultuur te genieten en de groeiende competitie om de vrije tijd hielden elkaar volgens deze interpretatie in evenwicht.

Hier werd uit afgeleid dat het toekomstige evenwicht, hoe het er ook uit zou zien, een resultante van deze spanning tussen competentie en competitie zou zijn. Drie mogelijke uitkomsten werden verder uitgewerkt in scenario's: marginalisering, herwaardering en consolidering van cultuur. Het somberste van deze drie scenario's, het marginaliseringsscenario, liet zich met de informatie van dat moment veruit het makkelijkst schrijven: nieuwe generaties zouden in toenemende mate trouw blijven aan hun voorliefde voor populaire cultuur, te meer daar traditionele cultuuruitingen zich weinig leenden voor een mediastrijd om consumentenvoorkeuren. Het optimistische herwaarderingsscenario vergde in het licht van de concurrentie in de vrije tijd veruit het meest van de fantasie. Het consolideringsscenario, dat een bestendiging van het precaire evenwicht voorzag, leek het maximaal haalbare, en dan nog mits er sprake zou zijn van een verhevigde inzet van de culturele sector om de gunst van de vrijetijdsconsument.

De waarschuwende vooruitblik uit 1998 en het sombere scenario uit 2000 hebben een zeker pessimisme over de wervingskracht van cultuur gemeen. In die visie was er weinig ruimte voor een hernieuwde zichtbaarheid en aantrekkingskracht van cultureel erfgoed en kunsten, met name onder de jongere generaties. De invloed van de media werd groter geacht dan die van ckv-onderwijs, de sociale druk op het schoolplein sterker dan de vorming in de klas. Gekoppeld aan de veronderstelling dat eenmaal verkregen smaakvoorkeuren zouden beklijven, leek er voor de culturele belangstelling allerminst een toekomst van groei en bloei in het verschiet te liggen.

Geven de recente ontwikkelingen aanleiding om een optimistischer toon aan te slaan dan die welke doorklonk in karakteriseringen als 'parade der passanten', 'scheiding der geesten' en 'marginaliseringsscenario'? Op grond van de laatste ontwikkelingen lijkt de toekomst van de culturele belangstelling wat minder somber. Eerst volgen de sombere overwegingen, dan de zonniger overwegingen.

Enkele signalen wijzen op de nog immer groeiende belangstelling voor populaire cultuur ten koste van traditionelere cultuuritingen. Toegankelijke voorstellingen als cabaret, film en musical vertoonden meer groei in de toeloop dan beroepstoneel en klassieke concerten, en het lezen liep onverminderd terug. Bovendien lijkt, vooruitlopend op nadere analyses in vervolgstudies, inderdaad sprake van een blijvende voorkeur voor de populaire cultuuruitingen waarmee men in de jeugd vertrouwd raakte. Het bereik van bioscoop en popconcerten onder mensen van middelbare leeftijd groeide, terwijl hun belangstelling voor meer traditionele vormen van cultuur gelijkbleef of licht daalde. In dit opzicht is er niet zozeer sprake van een 'scheiding de geesten' als wel van een 'vermenging der geesten'. Dit bevestigt het beeld van een grenzelozer vrijetijdsbesteding, waarin men verschillende liefhebberijen combineert (omnivorisering), hetgeen de positie van traditionele cultuurvormen onder druk zet. De meest somber stemmende gedachten hebben betrekking op de cultuurdeelname van het hoger opgeleide bevolkingsdeel. De onderwijsexpansie geeft nog altijd geen cultureel rendement: het opleidingsniveau van de bevolking steeg weliswaar, maar onder de hoger opgeleiden liep de culturele belangstelling terug. Zonder de gestage stijging van het opleidingsniveau zou het cultuurbereik vermoedelijk zelfs een daling te zien gegeven hebben. Zorgwekkend in dit perspectief is dat de onderwijsexpansie stilaan ten einde loopt, waardoor een voorgezette daling in de culturele belangstelling van hoger opgeleiden niet langer wordt gecompenseerd door een groei in hun aantal.

Daar staan inmiddels evenwel ook enkele positieve signalen tegenover. Het belangrijkste signaal is wellicht dat grotere aantallen kinderen en jongeren de weg naar musea hebben weten te vinden. Weliswaar trekt onder hen de belangstelling voor traditionele podiumkunsten nog niet aan, maar zij loopt ook niet terug. Dat de culturele belangstelling onder volwassenen, ondanks de grotere competitie om hun vrije uren, niet afkalfde, kan eveneens als een positief signaal opgevat worden. Het duidt in ieder geval veeleer op een consolidering dan op een marginalisering van cultuur op de steeds competitiever wordende vrijetijdsmarkt. Tot slot valt ook positief te duiden dat de culturele belangstelling niet overwegend een zaak van incidenteel bezoek werd. Weliswaar zet, volgens de laatste tijdsbestedingsgegevens, de trend richting een 'parade der passanten' onverminderd voort (Van den Broek 2001), maar kennelijk gaat zij aan cultuurdeelname voorbij.

Het beeld is derhalve niet eenduidig zonnig, maar zeker ook niet eenduidig somber. Vergeleken met enkele jaren terug lijkt het marginaliseringsscenario zich minder vanzelfsprekend te ontrollen, lijkt het consolideringsscenario waarschijnlijker en lijkt het herwaarderingsscenario zelfs wat minder utopisch. Hoewel onder mensen van middelbare leeftijd de concurrentie van populairdere vormen van vrijetijdsbesteding blijft groeien, hoewel de onderwijsexpansie niet alleen cultureel weinig rendeert, maar ook ten einde loopt, en hoewel het blijvende effect van een wat royalere kennismaking van jongeren met culturele instellingen zich nog moet bewijzen, oogt de toekomst van het cultuurbereik een tintje minder grijs.

Bijlage A Gebruikte databestanden

Aanvullend voorzieningengebruik onderzoek (AVO)
Het AVO is een vierjaarlijks onderzoek om gegevens te verkrijgen over het gebruik van een groot aantal maatschappelijke en culturele voorzieningen door de Nederlandse bevolking. Het onderzoek richt zich zowel op meting van het gebruik van voorzieningen als op meting van een breed scala van kenmerken die een huishouden en de individuele personen binnen een huishouden karakteriseren.

Ondanks het uitgangspunt het instrument door de jaren heen zoveel mogelijk ongewijzigd te laten, hebben zich in de loop der jaren enige veranderingen voorgedaan. Vanaf 1995 is het veldwerk door een ander bureau verricht en is dankzij responsbevorderende maatregelen – in concreto het vaker benaderen van respondenten die veel afwezig zijn – een hogere respons gerealiseerd (zie de responspercentages per AVO-meetjaar hieronder). Dit riep de vraag op in hoeverre het nu wel bereiken van moeilijker bereikbare respondenten van invloed is geweest op de onderzoeksuitkomsten.
   In de meting van 1995 is daarenboven de lay-out van de vragenlijst in het vragenblok over actieve cultuurdeelname veranderd met het oog op de overzichtelijkheid voor de respondent. In dat meetjaar was de deelname aan kunstzinnige activiteiten aanzienlijk geringer dan in de eerdere meetjaren. Het vermoeden bestond dat er eerder sprake was van een meetartefact dan van een werkelijke daling.
   Naar beide kwesties is in opdracht van het SCP onderzoek uitgevoerd door Burhenne en Van der Leest (1997). Uitkomst van deze analyse was dat 'doordat in AVO'95 moeilijke bereikbaarheid niet samengaat met specifiek gedrag op doelvariabelen (...) effecten op de gemeten waarden door de extra contactpogingen achterwege [blijven]. De veranderingen die in AVO'95 zijn gemeten ten opzichte van AVO'91 komen, los van het lay-out-technische verschil bij de beoefening van kunstzinnige activiteiten, dus niet voort uit het verschil in contactpogingen tussen AVO'91 en AVO'95' (Burhenne en Van der Leest 1997: 64-65). Het vermoeden dat de veranderde lay-out van invloed kan zijn geweest op de gerapporteerde deelname aan kunstzinnige activiteiten kon dus niet worden weggenomen.
   De vernieuwde lay-out is sinds 1995 gehandhaafd. In de inleiding op hoofdstuk 5 in deze rapportage (§ 5.1) wordt nader ingegaan op wat de ervaringen in 1999 en 2003 hebben geleerd over dit mogelijke meetartefact.

In 2003 zijn de antwoordcategorieën op sommige cultuurdeelname-variabelen om redenen van consistentie met de vraagstelling herzien. Hierbij is er uiteraard wel op toegezien dat de vergelijkbaarheid met eerdere jaren was gewaarborgd. Wel moest hiervoor met terugwerkende kracht de databewerking voor eerdere peiljaren aan de bevraging in 2003 worden aangepast. Tegelijk is de verwerking van de partiële nonrespons bij samengestelde variabelen herzien. Dat wil zeggen dat bij een variabele als 'deelname aan beeldende kunstactiviteiten' (tabel 5.1), die is berekend uit vier bronvariabelen (tabel 5.4), met het ontbreken van een of meer waarden op die bronvariabelen strikter dan voorheen is omgegaan. Door beide veranderingen worden nu voor de metingen tot 1999 iets hogere niveaus van culturele belangstelling gerapporteerd dan in eerdere scp-publicaties over cultuurdeelname.

Doelpopulatie	NL-bevolking van 6 jaar en ouder, zelfstandig wonend
Soort onderzoek	enquête
Steekproefeenheid	huishouden
Entiteiten	personen en huishoudens
Steekproefkader	PTT-afgiftepuntenbestand
Verzamelmethode	mondelinge + schriftelijke vragenlijst
Opdrachtgever	Sociaal en Cultureel Planbureau (SCP)
Frequentie	vierjaarlijks, vanaf 1979
Weging	personen: naar leeftijd/geslacht/burgerlijke staat/urbanisatiegraad (vanaf 1995 'stedelijkheid'); huishoudens: naar weegfactor hoofd huishouden
Berichtgevers	voor sommige kinderen één van de ouders
Verslagperiode	het gebruik van voorzieningen wordt gepeild voor een voorgaande periode, variërend van enkele maanden tot enkele jaren

AVO 1979

Uitvoerder veldwerk	NSS / Marktonderzoek
Veldwerkperiode	september 1979 - november 1979
Steekproefmethode	enkelvoudige aselecte adressensteekproef
Steekproefomvang	9915 huishoudens
Respons	6431 huishoudens; 17.232 personen (65%)

AVO 1983

Uitvoerder veldwerk	NSS / Marktonderzoek
Veldwerkperiode	september 1983–november 1983
Steekproefmethode	enkelvoudige aselecte adressensteekproef
Steekproefomvang	9908 huishoudens
Respons	5774 huishoudens; 14.869 personen (58%)

AVO 1987

Uitvoerder veldwerk	NSS / Marktonderzoek
Veldwerkperiode	oktober 1987–december 1987
Steekproefmethode	enkelvoudige aselecte adressensteekproef, met extra adressen in vier grote steden + Haarlem
Steekproefomvang	10.302 huishoudens
Respons	6496 huishoudens; 16.151 personen (63%)

AVO 1991
Uitvoerder veldwerk   NSS / Marktonderzoek
Veldwerkperiode   september 1991–december 1991
Steekproefmethode   tweetrapssteekproef: gemeenten/adressen; stratificatie
                            naar gemeentegrootte
Steekproefomvang   12.797 huishoudens
Respons   5458 huishoudens; 13.105 personen (43%)

AVO 1995
Uitvoerder veldwerk   GFK Interact
Veldwerkperiode   september 1995–januari 1996
Steekproefmethode   enkelvoudige aselecte adressensteekproef
Steekproefomvang   9305 huishoudens
Respons   6421 huishoudens; 14.489 personen (69%)

AVO 1999
Uitvoerder veldwerk   GfK Nederland
Veldwerkperiode   september 1999–februari 2000
Steekproefmethode   enkelvoudige aselecte adressensteekproef
Steekproefomvang   9216 huishoudens
Respons   6125 huishoudens; 13.490 personen (66%)

AVO 2003
Uitvoerder veldwerk   GfK Panel Services Benelux
Veldwerkperiode   september 2003–januari 2004
Steekproefmethode   enkelvoudige aselecte adressensteekproef
Steekproefomvang   circa 10.000 huishoudens
Respons   circa 6400 huishoudens; 13.721 personen (circa 64%)

Tijdsbestedingsonderzoek (TBO)
Het tijdsbestedingsonderzoek is een vijfjaarlijks onderzoek onder de Nederlandse bevolking. Het onderzoek bevat naast achtergrondvragen algemene vragen over tijdsbesteding. Bovendien wordt de respondent gevraagd om gedurende één week in een dagboek per kwartier bij te houden aan welke activiteiten dat besteed is.

Doelpopulatie   NL-bevolking van 12 jaar en ouder
Soort onderzoek   enquête
Steekproefeenheid   persoon
Entiteiten   personen
Steekproefkader   PTT-afgiftepuntenbestand
Steekproefmethode   drietraps-steekproef: gemeente, adres, persoon;
                           stratificatie naar gemeente

Verzamelmethode	mondelinge vragenlijst; in 2000 computer assisted personal interviewing (CAPI); dagboek
Opdrachtgever	Sociaal en Cultureel Planbureau (SCP) en anderen
Uitvoerder veldwerk	Intomart
Frequentie	vijfjaarlijks, sinds 1975
Weging	naar leeftijd, geslacht, urbanisatiegraad/stedelijkheid, plaats in het gezin (tot 2000), gezinssituatie (2000) en werkzaamheid/inkomensbron

TBO 1975
Veldwerkperiode	oktober 1975
Verslagperiode	dagboek: 5–11 oktober en 12–18 oktober 1975
Respons	1309 personen (76%)

TBO 1980
Veldwerkperiode	oktober 1980–november 1980
Verslagperiode	dagboek: 5–11 oktober en 12–18 oktober 1980
Respons	2730 personen (54%)

TBO 1985
Veldwerkperiode	oktober 1985–november 1985
Verslagperiode	dagboek: 29 september–5 oktober en 6–12 oktober 1985
Respons	3263 personen (54%)

TBO 1990
Veldwerkperiode	oktober 1990–november 1990
Verslagperiode	dagboek: 30 september– 6 oktober en 7–13 oktober 1990
Respons	3415 personen (49%) (3158 volledige cases en 257 onvolledige cases)

TBO 1995
Veldwerkperiode	oktober 1995–november 1995
Verslagperiode	dagboek: 1–7 oktober en 8–14 oktober 1995
Respons	3227 personen (18%)

TBO 2000
Veldwerkperiode	oktober 2000–november 2000
Verslagperiode	dagboek: 1–7 oktober, 8–14 oktober en 29 oktober–4 november 2000
Respons	1813 personen (25%)

Publieke belangstelling voor archeologie (PBA)
Binnen het doorlopende onderzoeksthema 'cultureel erfgoed' valt ook de publieke belangstelling voor archeologie. Om hier inzicht in te krijgen zijn gegevens verzameld over het bezoek aan archeologische opgravingen en aan exposities van archeologische collecties.

Doelpopulatie	1996: Nederlandse bevolking van 12 jaar en ouder, zelfstandig wonend
	2004: Nederlandse bevolking van 18 jaar en ouder, zelfstandig wonend
Soort onderzoek	enquête
Steekproefeenheid	1996: huishouden
2004: persoon	
Entiteiten	personen
Steekproefkader	1996: NIPO Capibus, een wekelijkse peiling onder circa 2.000 huishoudens
	2004: capi@home-bestand van TNS-NIPO met circa 100.000 personen
Steekproefmethode	1996: de vragen waren onderdeel van NIPO Capibus
	2004: random selectie uit het capi@home-bestand
Respons	1996: 3820 personen
	2004: 5739 personen
Verzamelmethode	computergestuurde, zelf in te vullen vragenlijst
Opdrachtgever	1996: Archeologisch Informatie Centrum (AIC)
	2004: Sociaal en Cultureel Planbureau (SCP)
Uitvoerder veldwerk	TNS-NIPO
Veldwerkperiode	1996 en 2004: 25 maart–4 april
Frequentie	tweemaal: het oorspronkelijke onderzoek uit 1996 is in 2004 op hoofdpunten herhaald
Verslagperiode	er is gevraagd naar het bezoek tijdens laatste 12 maanden, 1-3 jaar, 3-5 jaar, 6-10 jaar, of langer dan 10 jaar geleden

Belvedere 2004
In 2004 is in aansluiting op het onderzoek Publieke belangstelling voor archeologie (PBA'04) een deel van de respondenten herbenaderd met vragen over de beleving van het erfgoed in de bebouwde en landschappelijke omgeving en het belang dat die heeft, of in hun ogen zou moeten hebben, bij het maken van ruimtelijke keuzes. Dit onderzoek is uitgevoerd in samenwerking met het projectbureau Belvedere uit Utrecht, dat de aandacht bevordert voor het ontwikkelingsgericht inzetten van cultuurhistorische kwaliteiten bij ruimtelijke ordeningsvraagstukken. De onderzoeksvraag was hoeveel waarde mensen toekennen aan de in hun leefomgeving aanwezige cultuurhistorische elementen en hoe belangrijk zij het vinden dat deze bewaard en/of benut worden.

Doelpopulatie	Nederlandse bevolking van 18 jaar en ouder, zelfstandig wonend
Soort onderzoek	enquête
Steekproefeenheid	persoon
Entiteiten	personen
Steekproefkader	respondenten van het onderzoek Publieke belangstelling voor archeologie (PBA) uit 2004 met een verse aanvulling uit het capi@home-bestand
Steekproefmethode	quota-steekproef van steeds circa 250 personen uit 7 typen woonomgeving
Respons	1860 personen, waarvan 1606 ook deelnamen aan het PBA; 254 'verse' respondenten
Verzamelmethode	computergestuurde, zelf in te vullen vragenlijst
Opdrachtgever	Sociaal en Cultureel Planbureau (SCP)
Uitvoerder veldwerk	TNS-NIPO
Veldwerkperiode	mei 2004
Frequentie	eenmalig

Literatuur

AIC (1995). *Archeologische presentaties in Nederland*. Leiden: Archeologisch Informatie Centrum.

Bank, J. en P. de Rooy (2004). 'Wat iedereen móet weten van de vaderlandse geschiedenis. Een canon van het Nederlands verleden'. In: NRC Handelsblad, 30/31 oktober 2004, p. 36-37.

Beek, P. van en W. Knulst (1991). *De kunstzinnige burger. Onderzoek naar amateuristische kunstbeoefening en culturele interesses onder de bevolking vanaf 6 jaar*. Rijswijk/Den Haag: Sociaal en Cultureel Planbureau/VUGA.

Benjamin, W. (1985). *Het kunstwerk in het tijdperk van zijn technische reproduceerbaarheid en andere essays*. Nijmegen: SUN.

Berenschot (2001). *Naar een ontknoping. Verkennend onderzoek evaluatie cultuurnotasystematiek*. Utrecht: Berenschot.

Blokland, H. (1997). *Publiek gezocht. Essays over cultuur, markt en politiek*. Amsterdam: Boom.

Broek, A. van den (2001). 'Vrijetijdsbesteding: de besteding van een krimpend vrijetijdsbudget'. In: K. Breedveld en A. van den Broek (red.), *Trends in de tijd. Een schets van recente ontwikkelingen in tijdsbesteding en tijdsordening* (p. 45-53). Den Haag: Sociaal en Cultureel Planbureau.

Broek, A. van den (2003). 'De commerciële emancipatie van de jeugd'. In: J. de Haan et al. (red.), *Tijdverschijnselen. Impressies van de vrije tijd* (p. 108-111). Den Haag: Sociaal en Cultureel Planbureau.

Broek, A. van den en J. de Haan (2000). *Cultuur tussen competentie en competitie. Contouren van het cultuurbereik in 2030*. Amsterdam: Boekmanstudies.

Broekhuizen, J. en F. Huysmans (2002). *Cultuur op het web. Het informatieaanbod op websites van musea en theaters*. Den Haag: Sociaal en Cultureel Planbureau.

Burhenne, W. en J. van der Leest (1997). *Respons en non-respons in het Aanvullend Voorzieningengebruik Onderzoek. Een inventarisatie van de mate waarin respondenten en non-respondenten van elkaar afwijken op achtergrondkenmerken én doelvariabelen*. Rijswijk: Sociaal en Cultureel Planbureau.

CBS (1995), Centraal Bureau voor de Statistiek. *Jaarboek cultuur 1995*. Den Haag: Sdu.

CBS (1999). *Jaarboek cultuur 1998/'99*. Voorburg/Heerlen: Centraal Bureau voor de Statistiek.

CBS (a). *Statistisch jaarboek*. Voorburg/Heerlen: Centraal Bureau voor de Statistiek, diverse jaren.

Dijken, K. van en N. Stroeker (2003). *Naar een publieksgericht archiefbestel. Kenmerken, doelbereik, consequenties*. Zoetermeer: IOO.

Ex, S. (2001). Speech bij de presentatie van 'Minder en meer! Oud en nieuw publiek voor de kunst van gisteren, vandaag en morgen' (Commissie publieksbereik hedendaagse kunst en musea) in De Balie, 15 maart 2001.

Ganzeboom, H. (1989). *Cultuurdeelname in Nederland. Een empirisch-theoretisch onderzoek naar determinanten van deelname aan culutrele activiteiten*. Assen/Maastricht: Van Gorcum.

Ganzeboom, H. et al. (2001). *Tussenrapportage CKV1-onderzoek*. Utrecht: Cultuurnetwerk.

Ganzeboom, H. et al. (2002). *Momentopname CKV1-volgproject*. Utrecht: Cultuurnetwerk.

Haan, J. de (1997). *Het gedeelde erfgoed. Een onderzoek naar veranderingen in de cultuurhistorische belangstelling sinds het einde van de jaren zeventig*. Rijswijk: Sociaal en Cultureel Planbureau.

Haan, J. de (2001). 'De muze te vriend'. De rol van sociale netwerken in cultuurparticipatie. In H.B.G. Ganzeboom en H. Henrichs (red.), *De moede muze. Opstellen voor Wim Knulst* (p. 40-60). Utrecht: Cultuurnetwerk Nederland (Cultuur + Educatie 1, 2001).

Haan, J. de en F. Huysmans (2002). *E-cultuur. Een empirische verkenning*. Den Haag: Sociaal en Cultureel Planbureau.

Haan, J. de en W. Knulst (1998). *De kunstzinnige burger wordt ouder; kunstbeoefening in de vrije tijd opnieuw onderzocht*. Utrecht: LOKV.

Haan, J. de en W. Knulst (2000). *Het bereik van de kunsten. Een onderzoek naar veranderingen in de belangstelling voor beeldende kunst en podiumkunst sinds de jaren zeventig*. Den Haag: Sociaal en Cultureel Planbureau.

Haan, J. de, A. van den Broek en K. Breedveld (2001). 'Cultuur, recreatie en sport'. In: *De sociale staat van Nederland 2001* (p.125-145). Den Haag: Sociaal en Cultureel Planbureau.

Huysmans, F. (2001). *Mediagebruik en de temporele organisatie van het dagelijks leven in huishoudens* (proefschrift Katholieke Universiteit Nijmegen). Nijmegen: auteur.

Huysmans, F. (2004). 'Twintig jaar collectieve cultuurpromotie in cijfers'. In: MMNieuws 2004 6/7, p. 10-11.

Huysmans, F. (2005). 'Een bastion in Babylon. Achterstand in bibliotheekgebruik van Turken en Marokkanen verdwijnt'. In P. Schnabel (red.), *Hier en daar opklaringen. Nieuwjaarsuitgave 2005* (p. 19-23). Den Haag: Sociaal en Cultureel Planbureau.

Huysmans, F., J. de Haan en A. van den Broek (2004). *Achter de schermen. Een kwart eeuw lezen, luisteren, kijken en internetten*. Den Haag: Sociaal en Cultureel Planbureau.

Janssen, S. (1996). *Kunst in de krant. De berichtgeving over kunst in Nederlandse dagbladen 1965-1990* (paper op Sociaal-Wetenschappelijke Studiedagen, 11-12 april 1996).

Ketelaar, F.C.J. (1993). *Voorwerp van archiefwetenschap* (rede uitgesproken bij de aanvaarding van het ambt van hoogleraar in de Archiefwetenschap aan de Rijksuniversiteit te Leiden, 22 oktober 1993). z.p.: Bohn Stafleu Van Loghum.

Ketelaar, F.C.J. (1998). *Archivalisering en archivering* (rede uitgesproken bij de aanvaarding van het ambt van hoogleraar in de Archiefwetenschap aan de Universiteit van Amsterdam, 23 oktober 1998). Alphen aan den Rijn: Samsom.

Knulst, W. (1989). *Van vaudeville tot video. Een empirisch-theoretische studie naar verschuivingen in het uitgaan en het gebruik van media sinds de jaren vijftig*. Rijswijk: Sociaal en Cultureel Planbureau.

Knulst, W. (1992). 'Waarom blijft het cultureel rendement van een stijgend opleidingsniveau achter bij de verwachtingen?'. In: P. Dekker en M. Konings-van der Snoek (red.), *Sociale en culturele kennis* (p. 120-125). Rijswijk: Sociaal en Cultureel Planbureau.

Knulst, W. (1995). *Podia in een tijdperk van afstandsbediening. Onderzoek naar de achtergronden van veranderingen in de omvang en samenstelling van het podiumpubliek sinds de jaren vijftig*. Rijswijk: Sociaal en Cultureel Planbureau.

Knulst, W. en A. van den Broek (2003). 'Het lezerspubliek van boeken in tijden van ontlezing'. In: *Jaarboek voor Nederlandse boekgeschiedenis 10 / 2003* (p. 121-139). Leiden: Nederlandse Boekhistorische Vereniging.

Knulst, W. en G. Kraaykamp (1996). *Leesgewoonten. Een halve eeuw onderzoek naar het lezen en zijn belagers*. Rijswijk: Sociaal en Cultureel Planbureau.

Kunsten'92 (2001). 'Adviesbrief voor de cultuurnota ter discussie'. Themanummer van *Kunsten'92 Nieuwsbrief*, februari 2001.

Maanen, H. van (1997). *Het Nederlands toneelbestel van 1945 tot 1995*. Amsterdam: Amsterdam University Press.

Mommaas, H. (2000). 'De culturele industrie in het tijdperk van de netwerkeconomie'. In: Boekmancahier (12) 43, p. 26-43.

NBLC (a). *Jaarboek openbare bibliotheken*. Vereniging van Openbare Bibliotheken, diverse jaren.

NCM (2004). *Monumenten Jaarboek 2004*. Amsterdam: Stichting Nationaal Contact Monumenten.

OCenW (1996). *Cultuur en school*. Zoetermeer: ministerie van Onderwijs, Cultuur en Wetenschappen.

OCenW (1999). *Ruim baan voor cultuur*. Zoetermeer: ministerie van Onderwijs, Cultuur en Wetenschappen.

OCenW (2000). *Cultuur als confrontatie. Cultuurnota 2001-2004.* Zoetermeer: ministerie van Onderwijs, Cultuur en Wetenschappen.

OCenW (2002a), ministerie van Onderwijs, Cultuur en Wetenschappen. *Cultuurbeleid in Nederland.* Den Haag: Sdu.

OCenW (2002b). *Interactief archief. Brief van de staatssecretaris van Onderwijs, Cultuur en Wetenschappen.* Den Haag: ministerie van Onderwijs, Cultuur en Wetenschappen.

Peterson, R. (1992). 'Understanding Audience Segmentation: From Elite and Mass to Omnivore and Univore'. In: *Poetics*, 21, p. 243-258.

Pine, B. en J. Gilmore (1999). *The experience economy. Work is theatre and everyday business is a stage.* Harvard: Harvard Business School Press.

Pol, M. van de en E. Duijser (2004). *Marktbeschrijving podiumkunsten 2004. Onderzoek onder de Nederlandse bevolking.* Amsterdam: TNS-NIPO.

Pots, R. (2000). *Cultuur, koningen en democraten. Overheid en cultuur in Nederland.* Nijmegen: SUN.

Putnam, R. (2000). *Bowling alone.* New York: Simon & Schuster.

Raad voor Cultuur (2001). *Rapport evaluatie werkzaamheden Raad voor Cultuur.* Den Haag: Raad voor Cultuur.

Raad voor Cultuur (2005). *De fletsmatigheid van een imploderend systeem. Over de toekomst van de cultuurnota.* Den Haag: Raad voor cultuur.

Ranshuysen, L. (2000). *Standaardpubliekonderzoek Bureau Promotie Podiumkunsten: Het publiek van zeven podia.* Rotterdam: Onderzoeksbureau Letty Ranshuysen.

Ranshuysen, L. (2002). *Imago-onderzoek vlakke vloertheaters. Het imago van vijf theaters bij het eigen publiek, schouwburgpubliek en CJP-houders.* Rotterdam: Onderzoeksbureau Letty Ranshuysen.

Ranshuysen, L. (2005). *Het publiek van Introdans.* Rotterdam: Onderzoeksbureau Letty Ranshuysen.

Ribbens, K. (2002). *Een eigentijds verleden. Alledaagse historische cultuur in Nederland 1945-2000.* Hilversum: Verloren.

ROB (2002). *Archeologiebalans 2002.* Amersfoort: Rijksdienst voor het Oudheidkundig Bodemonderzoek.

Schulze, G. (1992). *Die Erlebnisgesellschaft. Kultursoziologie der Gegenwart.* Frankfurt am Main: Campus.

SCP (1998). *Sociaal en Cultureel Rapport 1998. 25 jaar sociale verandering.* Den Haag: Sociaal en Cultureel Planbureau.

SCP (2000). *Sociaal en Cultureel Rapport 2000. Nederland in Europa.* Den Haag: Sociaal en Cultureel Planbureau.

SCP (2002). *Sociaal en Cultureel Rapport 2002; de kwaliteit van de quartaire sector.* Den Haag: Sociaal en Cultureel Planbureau.

SCP (2004). *Sociaal en Cultureel Rapport 2004. In het zicht van de toekomst.* Den Haag: Sociaal en Cultureel Planbureau.

Smithuijsen, C. en I. van der Vlies (red.) (2004). *Gepaste afstand. De 'cultuurnotaprocedure' tussen de kunst, het recht en het openbaar bestuur.* Den Haag/Amsterdam: Elsevier/Boekmanstudies.

Stichting KijkOnderzoek (2005). *Persbericht samen kijken. Kijkcijfers 2004.* Amstelveen: Stichting KijkOnderzoek (www.kijkonderzoek.nl, geraadpleegd maart 2005).

Stuivenberg, R. (2002). 'Theaterkritiek in de verdrukking'. In: *Theatermaker* (6) 3, p. 13-36.

TK (2001/2002). *Vaststelling van de begroting van de uitgaven en de ontvangsten van het ministerie van Onderwijs, Cultuur en Wetenschappen voor het jaar 2002.* Tweede Kamer, vergaderjaar 2001/2002, 28000 VIII, nr. 18.

Trienekens, S. (2004). *Urban Paradoxes. Lived Citizenship and the Location of Diversity in the Arts* (proefschrift Universiteit van Tilburg). Tilburg: auteur.

Vaessen, J. (2000). 'Fundament of façade. 15 stellingen over museumarchitectuur'. In: T. Gubbels, M. Willinge en J. Vaessen (red.), *Museumarchitectuur als spiegel van de samenleving* (p. 11-23). Abcoude/Amsterdam: Uniepers/Boekmanstudies.

Visitatiecommissie cultuurbereik (2003). *Van jonge mensen en de dingen die gaan komen.* Zoetermeer: ministerie van OCenW.

Visitatiecommissie landelijke publieke omroep (2004). *Omzien naar de omroep.* Hilversum: Publieke Omroep.

VNP (2004). VNP In-sight. Facts & Figures 2003. Amsterdam: Vereniging Nederlandse Poppodia.

VSCD (2004). Podia 2003. Cijfers en kengetallen. Amsterdam: Vereniging van Schouwburg- en Concertgebouwdirecties.

Wippler, R. (1968). *Sociale determinanten van het vrijetijdsgedrag.* Assen: Van Gorcum.

WVC (1988). Nota letterenbeleid. Rijswijk: ministerie van Welzijn, Volksgezondheid en Cultuur.

Publicaties van het Sociaal en Cultureel Planbureau

Werkprogramma
Het Sociaal en Cultureel Planbureau stelt elke twee jaar zijn Werkprogramma vast. De tekst van het lopende programma (2004-2005) is te vinden op de website van het SCP: www.scp.nl. Het Werkprogramma is rechtstreeks te bestellen bij het Sociaal en Cultureel Planbureau. ISBN 90-377-0165-5

SCP-publicaties
Onderstaande lijst bevat een selectie van publicaties van het Sociaal en Cultureel Planbureau. Deze publicaties zijn verkrijgbaar bij de boekhandel (prijswijzigingen voorbehouden). Een complete lijst is te vinden op de website van het SCP: www.scp.nl.

Sociale en Culturele Rapporten
Sociaal en Cultureel Rapport 1998. ISBN 90-5749-114-1
Sociaal en Cultureel Rapport 2000. ISBN 90-377-0015-2
Sociaal en Cultureel Rapport 2002. De kwaliteit van de quartaire sector. ISBN 90-377-0106-x
In het zicht van de toekomst. Sociaal en Cultureel Rapport 2004. ISBN 90-377-0159-0

The Netherlands in a European Perspective. Social & Cultural Report 2000. ISBN 90-377-0062-4 (English edition 2001)
Social and Cultural Report 2002. The Quality of the Public Secor (Summary). ISBN 90-377-0118-3

Nederlandse populaire versie van het SCR 1998
Een kwart eeuw sociale verandering in Nederland; de kerngegevens uit het Sociaal en Cultureel Rapport. Carlo van Praag en Wilfried Uitterhoeve. ISBN 90-6168-662-8

Engelse populaire versie van het SCR 1998
25 Years of Social Change in the Netherlands; Key Data from the Social and Cultural Report 1998. Carlo van Praag and Wilfried Uitterhoeve. ISBN 90-6168-580-x

Nederlandse populaire versie van het SCR 2000
Nederland en de anderen; Europese vergelijkingen uit het Sociaal en Cultureel Rapport 2000. Wilfried Uitterhoeve. ISBN 90-5875-141-4

SCP-publicaties 2004
2004/4   Zorg en wonen voor kwetsbare ouderen. Rapportage ouderen 2004 (2004). ISBN 90-377-0156-6
2004/6   The Poor Side of the Netherlands. Results from the Dutch 'Poverty Monitor', 1997-2003 (2004). ISBN 90-377-0183-3
2004/7   Achter de schermen. Een kwart eeuw lezen, luisteren, kijken en internetten (2004). ISBN 90-377-0129-9
2004/8   Public Sector Performance. An International Comparison (2004). ISBN 90-377-0184-1
2004/11   Verpleging en verzorging verklaard (2004). ISBN 90-377-0189-2
2004/12   Trends in Time. The Use and Organisation of Time in the Netherlands (2004). ISBN 90-377-0196-5
2004/14   Performances du secteur public. Comparaison internationale (2004). ISBN 90-377-0193-0

2004/15 Prestaties van de publieke sector. Samenvatting in zeven talen (2004). ISBN 90-377- 0194-9
2004/16 Gezondheid en welzijn van allochtone ouderen (2004). ISBN 90-377-0191-4
2004/17 Sociale uitsluiting in Nederland (2004). ISBN 90-377-0160-4
2004/18 Prestaties van de publieke sector. Een internationale vergelijking (2004). ISBN 90-377-0195-7
2004/19 Emancipatiemonitor 2004 (2004). ISBN 90-377-0190-6
2004/20 Ouders over opvoeding en onderwijs (2004). ISBN 90-377-0158-2

SCP-publicaties 2005

2005/1 Landelijk verenigd. Civil society en vrijwilligerswerk IV (2005). ISBN 90-377-0126-4
2005/2 Aandacht voor welzijn. Inhoud, omvang en betekenis van de welzijnssector (2005). ISBN 90-377-0204-X
2005/3 De steun voor de verzorgingsstaat in de publieke opinie, 1970-2002 (2005). ISBN 90-377-0157-4
2005/4 Kinderen in Nederland (2005). ISBN 90-377-0209-0
2005/6 Culture-lovers and Culture-leavers. Trends in interest in the arts and cultural heritage in the Netherlands (2005). ISBN 90-377-0217-1
2005/7 Cultuurminnaars en cultuurmijders. Trends in de belangstelling voor kunsten en cultureel erfgoed. Het culturele draagvlak 6 (2005). ISBN 90-377-0228-7

Onderzoeksrapporten 2004

2004/1 Emancipatie in estafette. De positie van vrouwen uit etnische minderheden (2004). ISBN 90-377-0162-0
2004/2 De moraal in de publieke opinie. Een verkenning van normen en waarden in bevolkingsenquetes (2004). ISBN 90-377-0163-9
2004/3 Werkt verlof? Het gebruik van regelingen voor verlof en aanpassing van de arbeidsduur (2004). ISBN 90-377-0144-2
2004/5 Maten voor gemeenten 2004 (2004). ISBN 90-377-0179-5
2004/9 Moslim in Nederland. Een onderzoek naar de religieuze betrokkenheid van Turken en Marokkanen. Samenvatting (2004). ISBN 90-377-0176-0
2004/10 Unequal Welfare States (2004). ISBN 90-377-0185-x

Werkdocumenten (rechtstreeks te verkrijgen bij het SCP)

95 Voorstel voor de toekomstige ontwikkeling van de landelijke jeugdmonitor (2004). ISBN 90-377-0167-1
96 Nieuwe baan of nieuwe functie? Een studie naar de beloning van externe en interne mobiliteit (2004). ISBN 90-377-0172-8
100 Het Nationale scholierenonderzoek (NSO) en het Health Behaviour in School-aged Children-onderzoek (HBSC) vergeleken (2004). ISBN 90-377-0150-7
101 Schalen van fysieke en psychosociale beperkingen. Het meten van hulpbehoefte bij de indicatiestelling verpleging en verzorging (2004). ISBN 90-377-0151-1
102 Vertrouwen in de rechtspraak; theoretische en empirische verkenningen voor een monitor (2004). ISBN 90-377-0164-7
103 Bindingsloos of bandenloos. Normen, waarden en individualisering (2004). ISBN 90-377-0169-8
104 De veeleisende samenleving. De sociaal-culturele context van psychische vermoeidheid (2004). ISBN 90-377-0170-1
105 Cijferrapport Allochtone ouderen (2004). ISBN 90-377-0171-x
106 Moslim in Nederland. Een onderzoek naar de religieuze betrokkenheid van Turken en Marokka-

	nen (2004). ISBN 90-377-0178-7 (set, 6 delen)
107	The Social State of the Netherlands. Summary (2004). ISBN 90-377-0168-x
108	Naar een stelsel van sociale indicatoren voor het Integraal toezicht jeugdzaken. Advies in opdracht van de Inspectie voor de Gezondheidszorg, de Inspectie Jeugdzorg, de Inspectie Openbare Orde en Veiligheid en de Inspectie van het Onderwijs (2004). ISBN 90-377-0186-8
109	Kosten en baten van extramuralisering (2004). ISBN 90-377-0187-6
110	Verklaringsmodel verpleging en verzorging. Onderzoeksverantwoording (2005). ISBN 90-377-0199-x
112	Wijkkwaliteiten (2005). ISBN 90-377-0216-3
113	Ouderen van nu en van de toekomst (2005). ISBN 90-377-0219-8

Overige publicaties

Hollandse taferelen (2004). Nieuwjaarsuitgave 2004. ISBN 90-377-0155-8

Social Europe. European Outlook 1. Annex tot the 'State of the Union 2004' (2004). ISBN 90-377-0145-0

Does Leave Work? Summary (2004). ISBN 90-377-0182-5

Destination Europe. Immigration and Integration in the European Union (2004). ISBN 90-377-0198-1

Hier en daar opklaringen (2005). Nieuwjaarsuitgave 2005. ISBN 90-377-0212-0